협동조합이여,
진화하라

협동조합이여, 진화하라

농민신문사

　농협 직원의 10만 농심 운동은 농협 비전 변화에 대한 직원들의 올바른 이해에서 시작되고 있다. 용어선택만 보아도 단순히 알거나 들어본 적이 있다는 의미의 '인지'라는 단어 대신에 '이해'라는 단어를 사용하고 있다. '이해'는 인지와는 달리 그 내용을 정확히 말로 표현할 수 있고, 다른 사람에게 그 의미를 설명할 수 있음을 의미하기 때문이다. 최종적으로는 농협 이념의 업무와 연계하는 실행단계로 향한다.

　이러한 농협 이념의 방향성에 전적으로 동감한다. 그런데도 이 책을 세상에 내놓겠다는 결심을 가지게 한 우연한 계기가 있었다. 7월 어느 화창한 날, 직원들 간의 농협 비전에 관한 대화를 들을 기회가 있었다. 〈함께 성장하는 글로벌 협동조합〉이라는 농협 2020 비전이 〈농업인이 행복한 국민의 농협〉이라는 새로운 비전으로 바뀐 이유에 관한 대화였다.

　'비전도 변하느냐?'라는 초보적인 주장부터 新비전 당위성에 대한 논리적인 이야기의 전개까지 수준 있는 다양한 의견들이 나왔다. 그 대화 중 나를 적지 않게 당황하게한 뒷말이 있었다. 내용인즉슨 '회장이 바뀌었으니 당연히 바뀌는 것 아니냐'는 것이다. 이 말을 들은 순간 현대 경영학의 대가 피터 드러커(Peter F. Drucker)의 말 "문화는 아침 식사로 전략을 먹는다(Culture eats strategy for breakfast)"가 생각났다. 이는 조직문화를 강조하는 말이다. 농협이 제아무리 좋은 미션, 비전, 핵심가치를 가지고 있다 한들 바람직한 조직문화를 가지지 못한다면 농협 이념에 대한 구성원들의 내재화는 요원하다 할 것이다.

그동안 조직문화에 대해 공부하고 연구한 자료들을 모아 정리하기 시작했다. 필자가 조직문화에 본격적으로 공부하고 연구하게 된 계기는 2012년 강의경연대회에 참가하게 되었기 때문이다. 농협에서는 교육원별 대표 교수 1명이 매년 실시되는 강의경연대회에 참가하도록 되어있다.

당시 강의경연대회 주제는 '변화혁신과 바람직한 조직문화'였다. 본 책 내용의 대부분이 이때 강의대회를 준비하면서 알게 된 미국 하버드 대학교 노박 교수(M.A. Nowak)의 『협동의 진화에 관한 5가지 법칙』과 그동안 협동조합, 농업·농촌·농민에 대한 단상(斷想)들을 모아 정리한 것들이다.

이 글들을 정리하면서 중학교 때 송주달 선상님의 말씀이 떠올랐다. 선생님은 우리에게 '지구는 커다란 자석이다. 너희도 단순한 쇠붙이가 아니라 당당한 자석이 되어라!'고 주문하셨다. 이 말은 평생 내 삶의 좌표가 되었다. 하지만 '지구는 거대한 자석이다'라는 사실을 실감하며 살기란 그리 쉽지 않다. 오늘날, 삶을 사는 방식이 너무 바쁜 탓이다. 그나마 학창시절은 지금과는 달리 시간이 더디게 지나간 것 같다. 왜냐하면 "지구가 자석이라면 인간은 말랑말랑한 쇠붙이인가?"라는 엉뚱한 생각도 할 수 있었기 때문이다.

나이가 들어 연애하고, 결혼생활 그리고 자식을 낳아 키우면서 인간은 분명 뭔가를 끌어당기는 자성(磁性)을 가고 있다는 생각이 명확해졌다. 그런데 인간이 가진 이 자성은 극히 불완전한 것이라는 생각도 들었다. 가령 자식에 대한 자성은 날로 강해지는 반면 부모에게 향하는 자성은 점점 약해지기 때문이다. 이뿐 아니라 관심을 가지는 사항에 대해서는 강력한 자성을 발휘하는 데 비해 관심이 적은 것에 대해서는 거의 끌어당김이 없다.

인간이면 누구나 자성을 가지고 있다. 그런데 개인마다 주변 환경에 영향을 받기 때문에 천성적인 자신의 자성(磁性)과 더불어 인위적인 자성을 가진다. 개인마다 자성의 종류, 내용 및 발휘하는 힘도 다르다. 1989년 농협에 입사한 이래 협동조합, 농업·농촌·농민과 관련된 업무에 여러 해 동안 종사해왔다. 그런 까닭에 이 분야에 대한 남다른 관심을 가지고, 관찰하면서, 다양한 관계를 맺게 되었다. 그 덕분에 이 분야에 자성을 가지게 된 것 같다.

수많은 사람이 '협동'이라는 단어에 주목한다. 나 역시 협동이라는 용어에 강력한 관심이 생기기 시작했다. 그러면서 언제부터인가 '자조', '자기 책임', '민주주의', '평등', '공정', '연대', '정직', '공개', '타인에 대한 배려', '사회적 책임'이라는 '협동조합의 가치'를 바탕으로 '농업', '농촌', '농민', '공동체', '사회적 자본'이 담긴 테마들이 내 몸에 붙기 시작했다. 사람이 함께 살아가는 한 이 언어들이 가지는 의미와 가치는 점점 진화를 거듭할 것이다.

본 책의 구성은 제1부 〈협동 메커니즘, 농협DNA 및 NH WAY〉과 제2부 〈협동조합, 농업·농촌·농민 및 세상 톺아보기〉로 구성되었다. 제1부 제1장에서는 협동조합 사업의 성공적 롤 모델인 농협조직이 겪었던 위기들과 이러한 위기를 극복할 수 있었던 농협의 우수 DNA을 고찰한다. 이를 토대로 농협이 나아가야 할 길(NH WAY)에 대한 방안으로 조직문화의 변화와 혁신을 실천하는 조직문화혁신운동(BREAK 운동)을 제시하였다. 제2장에서는 진화생물학에 대한 이해가 부족한 독자들을 위해 제3장의 내용을 강의형식으로 쉽게 풀이하여 제3장의 이해를 돕고자 했다. 제3장은 노박 교수가 제시한 협동의 진화에 관한 5가지 법칙에 관한 논문이다. 이 소논문은 '인간이 언제 협동하는가?'라는 질문에 명쾌한 해답을 제시했다. 그 해답은 바로 협동의 5가지 메커니즘에 있다. 필자는 이들 메커니즘을 농협 진화·발전에 적용해보고 싶었다. 그래서 먼저 농협 위기가 무엇인지 규명을 시도했고, 그 위기들을 극복하게 한 위기극복 DNA를 탐색하였다. 그리고 이 우수 DNA를 협동의 메커니즘으로 더욱 진화시켜 농협이 나아가야 할 길, 바로 NH WAY를 멋지게 포장하는 BREAK 운동의 이론적 근거는 바로 이 논문이다.

제2부는 '농심·현장·공감'이라는 농협 핵심가치를 세 개의 장으로 나누어 제4장【農心】'협동조합을 읽다', 제5장【現場】'농업·농촌·농민을 보다', 제6장【共感】'세상을 느끼다'로 구성되었다. 제4장에서는 협동조합 구성원으로 가져야 할 생각이나 내용을, 제5장에서는 '현장에 답이 있다'라는 말처럼 농업·농촌·농민의 현실을 조명해보았다. 마지막으로 제6장에서는 각종 사회 및 경제현상에서 일어나는 문제를 함께 공유하는 내용을 담았다.

책이 출간되기까지 조언과 격려를 해주신 모든 분께 감사를 드린다. 그리고 내가 여러 책을 읽고 난 후 글을 적기 위해 내 나름의 논지를 펼칠 때, 늘 항상 그리고 언제나 끝까지 들어주는 최고의 청강생 아내 송지연이 있었기에 나의 글들은 새로운 옷을 입을 수 있었다.

2016. 10

손 용 석

제2장 인간은 언제 협동하는가?

제3장 협동 진화의 5가지 법칙 탐구

제2부 협동조합, 농업 · 농촌 · 농민 및 세상 톺아보기

제4장 【農心】 협동조합을 읽다

제5장 【現場】 농업 · 농촌 · 농민을 보다

제 6 장 【共感】 세상을 느끼다

협동 메커니즘, 농협 DNA 및 NH WAY

1. 변화와 혁신, 왜 필요한가?

고정관념

오래전 사나운 원숭이 6마리를 우리에 가두었습니다. 우리에는 사다리가 하나 있고, 그것을 타고 올라가면 잘 익은 바나나를 먹을 수 있습니다. 그런데 함정이 있습니다. 바나나를 잡으려는 순간 센서 작동으로 물이 쏟아져 나오도록 장치가 되어 있었습니다.

첫 번째 원숭이가 사다리를 타고 올라가 바나나를 잡으려고 손을 뻗자 우리 전체에 물이 쏟아져 우리에 있는 모든 원숭이가 흠뻑

젖었습니다. 호기심 많은 다른 2~3마리 원숭이가 다시 똑같은 시도를 했지만, 바나나를 잡으려 하자 우리 전체에 다시 물이 쏟아졌습니다. 이제 누군가 손을 내밀어 바나나에 닿으려는 순간 무리 모두가 물에 흠뻑 젖게 된다는 사실을 알게 되었습니다.

시간이 지나 함께 있던 6마리 원숭이 가운데 한 마리가 다른 우리로 옮겨지고 대신 새로운 원숭이 한 마리가 전입하여 들어왔습니다. 그 원숭이는 사다리 위에 있는 바나나를 보자 그 잘 익은 바나나를 향해 돌진했습니다. 그 순간 우리에 있던 나머지 원숭이들이 새로 전입해온 원숭이가 사다리를 타지 못하게 마구 그 원숭이를 두들겨 팼습니다.

이런 일들은 새롭게 원숭이가 전입해 올 때마다 반복되었죠. 이러한 일련의 과정이 있고 난 뒤 얼마 있지 않아 물이 쏟아지는 센서를 제거했습니다. 그러나 그것은 중요하지 않았습니다. 원숭이들 머릿 속에는 '바나나를 따서는 안 된다.'라는 교훈이 각인되어 있었기 때문입니다. 어느덧 한 마리씩 교체되어 우리 속에 처음 있었던 6마리 원숭이는 한 마리도 남지 않게 되었지만, 원숭이들의 행동은 달라지지 않았죠.

맹목적으로 전입 원숭이들이 사다리를 오르지 못하게 하는 그런 행동이 일어나는 이유는 무엇 때문일까요? 그것은 바로 그곳에서의 그들만의 행동방식으로 고착되었기 때문입니다. 오래된 행동 양식과 고정관념은 바람직한 조직문화의 적입니다. 농협 조직에는 이와 같은 오래된 행동양식과 고정관념이 없는지 눈여겨 봐야 하는데요. 어떻게 보아야 하는가? 하면 바로 혁신적으로 보아야 합니다.

혁신과 비전

혁신적으로 본다는 것은 문제를 새로운 각도에서 다르게 보는 것입니다. 예를 들어 우리가 마차의 뒤편에 서 있기 때문에 마차를 끄

는 말들을 보지 못했다면, 우리는 그 마차를 앞으로 나가게 하려고 무작정 뒤에서 밀어야만 할지도 모릅니다. 고착되고 안주하려는 생각에서 벗어나 마차 앞으로 기꺼이 가서 마차는 마부와 말의 힘으로 달린다는 사실을 발견한다면 우리는 말을 이용해서 누구보다도 빨리 마차를 달리게 할 수 있습니다. 이처럼 혁신이란 문제를 다르게 보는 눈입니다. 다시 말해 변화를 지향하고 기존의 사고와 행동의 연장 선상에서 벗어나 새로운 발상으로 새로운 시도를 하는 것입니다.

파레토 법칙(Pareto 법칙)을 대중화시킨 경영전문가인 조셉 쥬란(Joseph M. juran)은 "조직은 생존과 번영을 위해 필수적으로 두 가지 요소, 관리(Control)와 혁신(Innovation)이 필요하다."라고 말했습니다. 앞의 사례처럼 마차가 앞으로 나가기 위해 바퀴가 필요하듯, 조직이 발전하기 위해서는 '관리의 바퀴'와 '혁신의 바퀴'가 있어야 합니다.

지금까지 우리는 '관리'라는 활동은 많이 해왔기에 '관리의 바퀴'는 무척 큽니다. 반면 새로운 변화를 창조하기 위한 혁신활동은 그렇게 열심히 하지 못했습니다. 한 바퀴는 크고, 다른 한쪽 바퀴가 작다면 마차는 원을 그리며 제자리만을 돌게 됩니다. 마차가 앞으로 나아가기 위해선 양 바퀴의 크기가 동일해야만 균형 있게 달릴 수 있습니다. 농협조직도 이처럼 작은 바퀴 즉, '혁신의 바퀴'를 키워야 우리가 지향하는 비전으로 나아갈 수 있습니다.

조직의 성공비결

1999년 GE의 잭 웰치 회장이 한국을 방문했을 때 한 경영자가 그에게 다음과 같이 질문했습니다. "경영리더십은 어떻게 나왔습니까?" 다시 말해 "GE의 성공비결이 무엇입니까?" 이 질문에 잭 웰치는 "GE의 모든 구성원은 우리가 나아가는 방향, 비전을 알고 있다"라고 대답했습니다. 그리고 "열 번 말하지 않은 것은 한 번도 말하지 않은 것과 같다"라고 말하면서 GE의 비전을 알리기 위해서 리더들은 "1천 명의 직원을 통솔할 경우 1천 명 각각과 만나 대화하고 설득할 각오가 되어 있어야만 한다"라고 역설했습니다.

다시 말해 그의 역설은 얼마나 많은 구성원이 조직의 존재 이유, 미션을 이해하고, 비전이 꼭 달성된다는 강력한 믿음을 바탕으로 해야 한다는 말입니다. 그리고 난 후 실제 업무현장에서 변화된 행동을 하는가에 따라 조직의 성공이 달려 있습니다. 아무리 뛰어난 경영전략이 수립되어 있다고 할지라도 조직 구성원들의 공감대를 형성하지 못한다면 실패하는 이유가 이 때문입니다.

한목소리를 내는 조직의 힘, 그건 바로 비전의 힘입니다. 그럼 비전이란 무엇인가? 비전이란 조직이 추구하고 나아가야 할 미래상으로 희망이 없다면 모든 구성원은 어디로 가야 할 지 방향을 잡지 못하지만, 명확하고 뚜렷한 비전은 동일한 방향으로 구성원의 역량을 한 방향으로 결집합니다.

2. 농협의 미션, 비전 & 핵심가치

조직의 가치관

가치관이란 판단이나 행동에 대한 평가의 기준이 되고, 의식적이든 무의식적이든 행동을 결정하는 준거점이 됩니다. 가치관이 제대로 정립된 조직의 임직원은 의식구조가 다릅니다. 그들은 모두 조직의 존재 이유(미션), 조직이 가진 10~20년 후의 꿈(비전), 그리고 판단과 실행의 중요기준(핵심가치)에 대해 공통된 생각을 하고 있습니다.

이러한 공유된 마음에서 조직 공동목표를 향해 일사불란하게 움직일 수 있죠. 그래서 조직의 가치관 경영은 중요합니다. 가치관 경영은 조직에 다음과 같은 변화를 가져다줍니다.

- 개인의 업무 효율성을 높여준다
- 업무로 인한 스트레스와 긴장감을 완화해준다
- 기업에 대한 자부심을 높여준다.
- 직원들의 충성도를 높여준다.
- 윤리적 행동을 장려한다.

● 팀워크를 강화해 근면과 배려의 규범을 제시한다

농협미션, 비전 & 핵심가치

농협의 미션

협동과 혁신으로 농업인에게 풍요로운 미래를 고객에게는 최고의 가치를
제공하여 국가와 지역사회 발전에 공헌한다.

쉽게 말해 미션(Mission)은 우리말로 사명(使命)으로 나아갈 방향을 제시해주는 것입니다. 아무리 길을 잃더라도 조직미션만 보면 올바른 방향으로 나아가고 있는지를 알 수 있습니다.

농협의 비전 & 핵심가치

비전 : 농업인이 행복한 국민의 농협
핵심 ● 깨어있는 농협인(農心) ● 활짝웃는 농업인(現場)
가치 ● 함께하는 국민(共感)

농협의 비전은 농협의 존재 이유인 미션을 실현하기 위해 추구하고 나아가야 할 미래상입니다. 그리고 이러한 농협의 비전을 실현하기 위해 농협 구성원이 지녀야 할 사고와 행동기준을 핵심가치라고 합니다.

비전 및 핵심가치는 변할 수 있습니다. 2016년 6월까지 범농협 비전은 "함께 성장하는 글로벌 협동조합"이었고, 핵심가치는 '정도경영, 창의혁신, 녹색 사랑, 상생협력, 사회공헌'이였습니다. 그런데

지금은 '농업인이 행복한 국민의 농협'이라는 비전과 '깨어있는 농협인(農心), 활짝 웃는 농업인(現場), 함께하는 국민(共感)'이라는 핵심가치로 변경되었습니다.

왜 비전과 핵심가치가 바뀌었을까요? 농협조직의 구조개편, 고령화되어가는 농촌, 수입농산물의 높은 파고에 힘들어하는 농업인, 더는 식(食)과 농(農)을 동일시하지 않는 국민이 늘어나면서 농산물을 일반 공산품처럼 생각하고, 생산지 내지 원산지를 묻지 않는 풍조가 나타나기 시작했습니다. 이러한 시점에 과거 성장기조의 '글로벌 협동조합'이라는 비전보다는 '농업인이 행복한 국민의 농협'이라는 비전이 농협의 존재 이유인 농협미션을 위해 더 적절하지 않았나 생각됩니다.

10만 농심운동

어떻게 비전을 실천할 것인가? 그 해답은 우리의 사고와 행동기준을 핵심가치에 따라 실행하여야 합니다. 그렇다면 범농협 직원은 어떤 핵심가치를 기준으로 삼고 행동해야 할까요? 그렇습니다. '깨어있는 농협인'이 되어야 합니다. 깨어있는 농협인이 되기 위해선 우선 농심을 가슴에 품어야 합니다.

조합원을 대상으로 강의하던 중에 농업인들에게 "농심이 뭐라고 생각하십니까?"라는 질문을 했던 적이 있습니다. 그때 농심은 '정직', '모정', '생명' 등 다양한 답변을 들을 수 있었습니다. 그런데 교육생 한 분이 "농심(農心)은 슬픔이다"라는 의외의 답변을 하셨습니다. 이 분은 50대 후반의 귀농인이었습니다. 퇴직하고 농촌에 와보니 자신이 마을에서 가장 젊다고 하면서 수십 년 생명 산업을 지키는 직업, 농사일하신 어르신들의 모습을 볼 때면 슬픔을 느꼈기 때문이랍니다. 왠지 마음이 찡해왔습니다.

저는 '농심은 만남이다'라고 생각합니다. 땅과의 만남, 하늘과의 만남, 그리고 사람과의 만남입니다. 농부는 흙과 비와 그리고 바람과의 만남 속에서 얻은 것을 사람과의 만남에서 모두 비웁니다. 왜냐하면 농부(農夫)는 별(辰)을 노래(曲)하는 아름다운 사람이기 때문이죠. 농심에는 3가지의 마음이 있습니다.

- 농업인에게 새로운 희망을 솟게 하는 농업의 마음
- 도시민에게 따뜻한 고향을 품게 하는 농촌의 마음
- 사람 상호 간 나눔의 세상을 약속하는 농민의 마음

농협 구성원은 농업의 마음, 농촌의 마음, 농민의 마음에 깨어 있어야 합니다. 그리고 조직운영이나 사업전략을 추진할 때에도 이러한 마음을 기준으로 생각하고 행동할 때 핵심가치를 실천하는 것입니다. 이것이 바로 10만 농협인 농심 운동의 발로입니다.

'세상의 사회적 약자를 위해 살겠다'는 삶의 존재목표(미션)를 가진 두 사람이 있다고 하자. 이 두 사람은 자신의 미션을 달성하기 위해 자신이 되고자 하는 모습(비전)은 다를 수 있다.

한 사람은 범죄자로부터 약자를 지키겠다며 경찰관이 될 수 있고, 또 다른 사람은 불우한 이웃을 돕는 사회복지사가 되는 자신의 모습을 그릴 수 있을 것이다. 이때 경찰관이나 사회복지사는 자신이 되고자 하는 모습(비전)이다.

3. 농협의 위기들

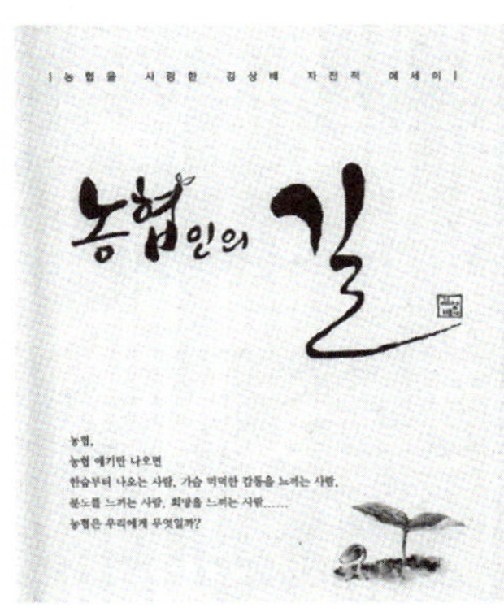

들어가며

좌측에 보시는 농협동인 김상배의 〈농협인의 길〉이라는 책표지 글귀가 인상적입니다.

"농협, 농협 애기만 나오면 한숨부터 나오는 사람, 가슴 먹먹한 감동을 느끼는 사람, 분노를 느끼는 사람, 희망을 느끼는… 농협은 우리에게 무엇일까?"

왜 농협인은 이 시점에 농협 이념으로 조직의 정체성을 확립해야 할까요?

2014년 4월 〈세월호 사건〉이 있었습니다. 당시 저의 심경을 글로 표현한 적이 있습니다.

기고 수학여행 떠난 아이들[1]

길 떠나는 아이들의 목소리가 들린다.

그래 우린 서로 사랑한다는 말도 제대로 하지 못했다.

'엄마! 수학여행, 나 용돈…' 길지도 않는 몇 마디의 말.

몇 마디도 못 나누었다.

애비는 먹고 산다고

생활고를 탓하면서

이 시간이 지나면, '사랑해'라는 말을 마음 놓고 할 수 있으리라 믿으며

하루 그리고 또 하루를 미루어왔다.

어미는 너 공부 방해될까

꼭 부둥켜안는 것도 아꼈다.

차디찬 어둠 속에 캄캄한 추위에

저렇게 너를 홀로 둘 줄 알았다면

조금 잠시만이라도 더 너를 품어야 했는데

네가 있는 저 바다 보이는 이 자리를

차마 서러워 떠나지 못한다.

---

1) 2014년 4월 23~24일 경상일보, 전남일보, 인천일보 게재

4월 16일, 우리 아이들이 세월호를 타고 수학여행을 가던 날. 그 날은 처절히 가슴시리도록 아픈 잔인한 날이다. 정말 어처구니없는 좌절의 시간이다. 결코 그러지 말았어야 했다.

바로 그날은 영국시인 엘리어트가 노래한 〈황무지〉 서문 한번은 쿠마에서 나도 그 무녀가 조롱 속에 매달려 있는 것을 직접 보았다. 애들이 "무녀야 넌 뭘 원하니?"라고 물었을 때 그녀는 대답했다. "죽고 싶어"처럼 영원한 삶을 원했고 얻었지만, 진정으로 소중한 것이 무엇인지를 알지 못했던 쿠마 무녀. 어린 생명을 팽개치고 나온 그들에게서 무녀의 모습을 발견하는 안타까운 날이었다.

하지만 겨울의 냉혹함에서 따뜻함을 발견하고, 불모의 땅에서 라일락꽃 피게 하고, 기억과 욕망을 뒤섞어 봄비로 잠든 뿌리를 깨어나게 하라는 시인의 울부짖음이 들린다.

오열로 쓰러지는 어미를 위로라도 하듯 세상 곳곳에서 잔잔히 타오르는 촛불의 행렬은 여행 떠난 우리 아이들의 몸짓인 듯 점점 번져나간다. 그런 아쉬움에 만약 우리 아이들이 수학여행을 떠난 그 날이 다시 돌아온다면, 그 길을 반드시 보내야만 한다면 꼭 껴안고 싶다.

어린 학생들을 내팽개치고 탈출에 성공한 세월호의 선장과 선원들은 아마 지금 쿠마 무녀의 심경이 아닐까요? 만약 선장과 선원들이 승객이었다면, 먼저 탈출했다고 비난과 구속 그리고 처벌을 받았을까요? 왜, 그들은 그토록 심한 비난을 면치 못할까요?

그렇습니다. 그들은 〈청해진 해운〉이라는 조직의 구성원이기 때문이죠. 조직은 조직마다 지향하는 바가 있고, 그 지향점을 향하여 나아가기 위해 조직구성원 모두가 함께 공유해야 할 것이 있습니다.

앞서 말씀드렸던 GE의 전 회장 잭 웰치가 한국을 방문했을 때 사례를 다시 한번 부언하면, 한 경영자가 물었습니다. "GE의 성공비결은 무엇입니까?"라고 묻자, 잭 웰치는 "GE의 모든 구성원은 우리가 나아가는 방향을 알고 있다"라고 답했습니다. 조직이 나아가는 방향에 함께 공유해야 하는 것은 바로 그 조직의 미션, 비전, 핵심가치입니다. 누가? 그 조직의 구성원들이. 어떻게? 생명 유기체가 자신의 고유특성을 다른 유기체에 수평적 유전자 이동(전이)을 하는 것처럼, 조직의 구성원이 그 조직의 미션, 비전, 핵심가치를 구성원 스스로 체화시키고, 조직 구성원간 함께 공유해야 합니다.

이렇게 할 때 그 조직만의 고유한 특성을 가지게 됩니다. 이것이 적합도(fitness)를 강화해주고 내재화되어 다음 세대로 이어지는데 이를 그 조직의 DNA라고 합니다. 쉽게 말해 구성원들이 조직 내에서 사고하고 행동하는 방식을 공유하고 특성의 전달(이전)성을 높이는 속성을 말합니다. 간단히 말하면 조직의 DNA란 조직구성원이 만드는 문화라고 할 수 있습니다.

　그렇다면 〈청해진 해운〉이라는 조직에는 무엇이 없는 걸까요? 그렇습니다. 조직의 DNA가 없죠. 정확히 얘기하면 〈청해진 해운〉이라는 조직을 위기에서 벗어나게 하는 힘, 조직의 우수 DNA가 없으므로 세월호에서 누구보다 먼저 탈출에 성공한(?) 선장과 선원들의 일탈적 행동은 〈청해진 해운〉이라는 조직도 함께 침몰시켰습니다.

　만약 세월호의 선장과 선원들이 마지막까지 배에 머물면서 어린 학생과 승객들을 먼저 탈출시키는 구조활동을 했다면 결과는 달라지지 않았을까요? 세월호가 맹골해류를 만났듯이 농협호도 높은 파고의 위기들을 만났고, 앞으로 또 만날 것입니다. 지난날 여러 가지 다양한 위기를 잘 극복했기에 지금의 농협은 세상의 중심에 서 있습니다. 그러나 위기는 언제나 진행형입니다. 지금까지 겪어 보지 못했던 높은 파고의 위기들이 농협 앞을 가로막고 있습니다. 농협인은 이 위기들을 당당히 맞서 헤쳐 나가야 합니다.

　이러한 맥락에서 그동안 농협이 이겨내 왔던 위기들을 되짚어보고 그러한 위기를 헤쳐 나갈 수 있게 했던 본질적인 위기극복요인을 살펴보아야 합니다. 왜냐하면 그 위기극복요인 속에는 농협만의 고유한 특성, 즉 조직의 우수 DNA가 있기 때문입니다. 그리고 농협의 우수 DNA를 더욱 진화시켜 현재 위기들을 극복하고, 미래의 위기를 대비해야 하기 때문이죠. 이것이 바로 농협구성원이면 당연히 성찰해야 할 몫입니다.

위기의 의미

위기의 의미와 농협에 다가온 3가지 위기에 대해 살펴보겠습니다. 먼저 위기라는 것에 대해 살펴보면, 조직에 있어서 위기 요인은 대기의 공기처럼 항시 존재합니다. 이때의 위기를 〈잠재적 위기〉라 하는데, 이러한 잠재적 위기는 조직구성원들의 위기에 대한 인식 및 행동에 따라 자체적으로 해결되어 소멸하기도 하고, 또 내외부의 여러 가지 작용과 맞물려 각종 사건, 사고로 점점 심화 내지는 응집되기도 합니다.

문제는 자체적으로 해결되지 못한 채, 점점 위험(RISK)요소가 커져 조직표면으로 드러나는 경우입니다. 이처럼 이슈화·문제화되어, 사건이나 사고로 나타날 때의 위기를 〈표면적 위기〉라 합니다. 이 표면적 위기는 각 조직구성원의 대응으로 해결될 수 있는 잠재적 위기 때와는 달리 조직 차원에서 해결책을 계획하고 관리해야 합니다. 그런데 어떤 사건들은 순조롭게 관리되어 해결되기도 하지만 어떤 사건들은 해결되지 못한 채, 결국 사회적으로 크게 문제화되기도 합니다. 위기가 사회적 문제로 이슈화되어 나타날 때, 이를 〈위기의 분출〉이라 합니다.

최근 블로그, 트위터 등 소셜미디어의 활성화로 위기확산속도는 마치 화산폭발로 마그마가 분출되어 빠르게 주변을 초토화하듯 걷잡을 수 없을 정도입니다. 이러한 이유로 조직에서 위기관리의 중요성이 날로 부각되고 있습니다. 위기는 분출되기 전에 최대한 막아야 합니다. 다시 말해 조직구성원이나 조직 차원에서 사전적으로 예방 내지는 철저한 대처로 극복하는 것이 무엇보다 중요하죠.

농협에 다가온 3가지 위기

농협에 다가온 3가지 위기들

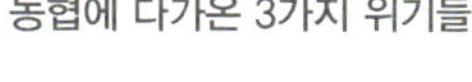

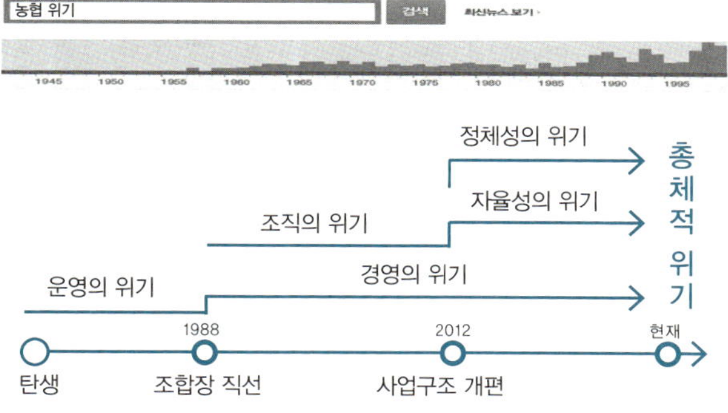

포털 사이트에 '농협의 위기'라고 입력하고 엔터키를 누르면 다음과 같은 막대 도표가 나오는데 위기가 없었던 시기는 없었다는 걸 알

30

수 있습니다. 그리고 시간이 지나갈수록 위기 관련 건수가 늘어나고 있음을 알 수 있습니다. 점점 더 높은 파고의 위기들이 우리 농협에 다가오고 있음을 의미합니다. 농협에 어떤 위기들이 발생했는지 위기를 시기별로 구분해보면 크게 1988년 '조합장 직선'과 2012년 '사업구조개편'을 기점으로 3가지의 위기로 설명할 수 있습니다.

먼저 1988년 이전에 나타난 위기는 '사업운영의 위기'입니다. 이때는 성장의 시대로 농협은 사업의 규모화를 위해 주력하던 시기입니다. 이 시점에 농협조직이 겪는 주요한 위기들은 사업 규모의 성장 속도 및 안착에 관련된 것들입니다. 그런데 1988년 당시 민주화의 물결 속에 그동안 농협중앙회 회장이 임명하던 조합장을 농민조합원이 직접 뽑고, 그 조합장들이 농협중앙회 회장을 선출하는 시대가 왔습니다. 그러면서 농협이 직면하는 위기의 양상도 달라지기 시작했습니다. 정부의 강력한 간섭 내지 통제를 받던 시대에서 농협사업의 위기는 사업운영 측면의 위기였다면 농협의 자기 책임 하에서 위기는 사업경영의 위기로 나타납니다.

한편 사업경영에 대한 위기와 더불어 농협에 더욱 더 절박한 위기들이 나타나기 시작했습니다. 바로 '조직의 위기'입니다. 좀 더 정확히 표현하면 자조와 자기 책임으로 사업을 추진하려는 농협에 대한 외부의 시각은 곱지만은 않았습니다.

이를테면 "농협, 너무 비대해진 거대한 공룡조직이다. 개혁이 필요하다"라는 목소리가 점점 높아가면서 사업경영위기와 더불어 조직에 대한 위기들이 나타나기 시작합니다.

　이처럼 농협이 자율적인 조직체로 거듭나기 위해 수많은 진통을 겪는 와중에, 다시 말해 조직의 위기, 즉 자율성의 위기를 제대로 넘지 못한 채 2012년 사업구조개편을 맞이하면서 새로운 위기가 다시 덧붙어 나타납니다. 그것은 사업구조개편과 더불어 나타난 사일로 효과, 즉 "우리 부서만 잘 되면 돼!"라는 부서 이기주의가 생기면서, 농협 구성원들이 가져야 하는 미션과 비전, 핵심가치 등에 대한 고민이 약화되기 시작했습니다. 그러면서 나타난 위기가 바로 '정체성의 위기'입니다.

　그런데 더욱 우려스러운 상황은 경영의 위기, 조직의 위기, 정체성의 위기가 동시 다발적으로 함께 일어난다는 사실입니다. 다시 말하면 농협을 둘러싼 각종 위험요소가 복합적으로 응집되면서 사건/사고로 나타나고, 심지어 화산이 폭발하듯 분출되기 시작했습니다. 그래서 지금 농협의 위기는 총체적 위기입니다.

사업의 위기(=경영의 위기)

　그럼 농협의 3가지 위기들을 좀 더 구체적으로 살펴보죠.

　먼저 '사업경영(운영)의 위기'입니다. 지나온 과거의 사례를 살펴보면 1960년에 '농협운영위기에 직면', 1969년 '만신창이 농업금융' 특히 이 당시 농업금융부문은 금융농업자금 부족이 그 원인이었습니다.

사업의 위기(=경영의 위기)

　　당시 농협예수금의 비약적인 증가어도 불구하고 상대적으로 금융
농업자금에 대한 수요가 폭발적으로 일어난 것이 원인이었습니다.
금융농업자금의 운용금리가 9~20%인데 조달금리가 25.2%로 역마
진이 5.2~16.2%로 심화하였기 때문입니다. 1971년에는 오늘날 하
나로마트의 원조인 연쇄점, '도산위기에 몰린 농협연쇄점'에 대한 기
사도 눈에 띕니다.

　　여러분, 농협중앙회도 적자결산을 한 적이 있었을까요? 네, 있습
니다. 몇 년도일까요? 1982년. 그 당시 정부는 6.28 조치 및 7.3 조
치로 전격적인 금리 인하조치를 합니다. 숲금융기관이 이 실험적인
조치에 엄청난 타격을 받습니다. 농협중앙회도 결산보고서에 이익잉
여금 처분계산서를 사용하지 못하고 결손처리금계산서를 첨부하게
되는 사상초유의 적자결산(△167억)을 하게 됩니다. 그 이후로도 사
업경영에 대한 위기는 지금 이 순간에도 멈춰지지 않고 지속적으로

발생하고 있습니다.

조직의 위기(=자율성의 위기)

조직의 위기(=자율성의 위기)

　　두 번째의 위기가 나타납니다. 앞서 설명한 바와 같이 1980년대 말 사회 곳곳에 밀려드는 민주화의 물결 속에 그동안 농협중앙회 회장이 임명하던 조합장을 농민조합원이 직접 뽑고, 그 조합장들이 농협중앙회 회장을 선출하는 시대가 도래하면서, 농협이 직면하는 위기양상도 달라지기 시작했습니다. 그래서 '사업경영의 위기'와 더불어 나타난 것이 '조직의 위기'입니다.

　　좀 더 정확히 설명해 드리면 농협은 그동안 정부의 직·간접적인 지원에 안주하면서 정부의 간섭을 간섭으로 생각하지도 않았고, 국민도 농협을 공공기관으로 보는 시각이 강했습니다. 그러나 1988년을 기점으로 농협은 조합원에 의해 관리되는 자율적이고 자조적인 조직이라는 인식이 점점 확산하면서 정부로부터 자율성 내지 독립성을 가지려는 움직임이 농협지도층을 중심으로 일어났습니다. 내부적으로 강한 결속력을 가지려 할 때면 어김없이 '농협 = 비대해진 거대한 공룡조직', '비리의 온상'이니 하면서 떠벌리는 언론 등 외부압력들을 공공연히 받아왔습니다.

조직의 위기는 농협이 독립과 자율성을 가지려는 중요한 시점에 대개 최고 CEO의 구속이나 사퇴로 그 구심점을 잃곤 했습니다. 1994년 첫 직선 한호선 농협회장 구속, 1999년 감사원 감사와 검찰의 전방위 농협 기획수사 등으로 원철희 회장 사퇴, 2006년 정대근 회장 구속 등 조직에 대한 위기들이 경영위기와 더불어 나타나기 시작했습니다.

우리 농협이 자율적인 조직체로 거듭나기 위해 반드시 이겨내야 하는 위기가 조직의 위기, 자율성의 우기입니다. 그런데 자율성의 위기를 제대로 넘지 못한 채 2012년 사업구조개편을 맞이하였고, 위험요소들은 서로 응집되어 사건/사고들로 표면화되고, 결국은 화산이 폭발하듯 분출되기 시작했습니다.

그 위기분출의 사례가 바로 '2011년 전산망 오류사태', '2014년 농협 카드 개인정보 유출' 등입니다.

정체성의 위기(=이념의 위기)

정체성의 위기(=이념의 위기)

돌이켜보면 2012년 3월 농협중앙회의 사업구조개편은 1994년부터 약 20여 년간 뜨겁게 이슈화되었던 농협의 신경분리논쟁에서 출발했습니다. 당시 기존의 무역질서 GATT 체계가 무너지고 UR 협상을 통한 WTO가 만들어지는 시기였습니다. 한 마디로 세계화니 글로벌화니 해서 격동하는 세계화의 물결은 농협에도 어김없이 다가왔습니다.

사업구조개편은 글로벌화된 경제체제 하에서 보다 전문화된 사업조직으로 개편되어 독자적인 성장 발판을 마련하였다는 긍정적인 측면을 가지고 있습니다. 반면 조직개편이 사업 중심으로 치우치면서 협동조합의 이념이나 정체성이 훼손되고 있다는 외부의 지적에 발맞추기라도 한 듯 사업구조개편과정에서 농협 구성원, 특히 일반직원들 간에 NH농협은행, 농협경제지주, NH농협생명, NH농협손해, 농협중앙회 등 각자의 진로를 선택하는 와중에 내부계통조직 간 부서이기주의가 심화하는 양상을 보이기 시작했고, 이러한 현상이 점점 번져나가면서 농협은 왜 존재하는가에 대한 물음이 농협 구성원으로부터 사라지기 시작했습니다. 바로 조직의 본질을 알려고 하지 않는 자세, '정체성의 위기'가 표면으로 드러나기 시작했죠.

농협의 정체성이란 '농협이 무엇인지?'라는 질문 내지 고민을 하는 데서 출발합니다. 다시 말해 농협의 본질은 협동조합이라는 사실을 인식하고, 협동조합이 추구하는 가치와 원칙을 밑바탕으로 농협의 존재 이유인 미션과 우리가 되고자 하는 모습, 비전을 향해 우리가 왜 그 방향으로 나아가는지 이유, 즉 가치를 규명하는 일입니다.

4. 위기극복 DNA를 찾아라

조직 DNA의 의미

앞서 우리는 위기의 의미와 농협에 다가온 3가지의 위기들을 살펴보았습니다. 이번 시간에는 과거 우리 농협이 위기를 극복할 수 있었던 위기극복요인, 즉 농협의 우수 DNA를 찾아보는 시간을 갖도록 합니다. 그런데 왜 위기극복에 은유적인 표현으로 DNA를 사용했을까요? 이러한 질문에서 이번 학습시간을 열어 보겠습니다.

조직DNA의 의미

DNA란 무엇일까요? "왜 사람마다 얼굴이 다를까요?" 유기체들이 생물학적으로 서로 다른 특성을 나타낼 수 있는 것은 각자 다른 DNA를 가지고 있기 때문입니다. 이 DNA에 따라 유전자의 특성이 결정됩니다. 그리고 환경에 적합한 유전자 특성을 지닌 유기체들만이 적자생존의 세계에서 살아남습니다.

조직도 마찬가지입니다. 치열한 경쟁 속에서 오랫동안 존속하는 조직들이 있는 반면에 어느 날 갑자기 무너지는 조직도 많습니다. 조직도 변화하는 환경에서 살아남기 위해서는 강한 유전자를 가지고 있어야 합니다. 조직의 유전자란 바로 그 조직의 구성원을 말합니다. 다시 말해 조직의 성패 여부는 '어떠한 유전자들이 어떤 특성을 지니고 있느냐?', 즉 '어떤 DNA를 보유하고 있느냐에 달려 있다'라고 말할 수 있겠죠.

이러한 맥락에서 농협의 DNA 중 지난날 수많은 위기를 극복할 수 있게 했던 요인들을 알아봅니다. 그리고 이러한 요인들 속에서 무엇이 농협의 우수 DNA인지를 찾아내어 보는 시간을 갖도록 하겠습니다. 협동조합은 〈경영체〉와 〈운동체〉라는 이원적 성격을 가지고 있습니다. 초기 농업협동조합은 사회적 성격인 운동체 측면이 강했습니다. 그러나 시장경쟁이 심화되고 협동조합 사업체의 경쟁력 확보가 존립의 관건이 됨에 따라 경영체적 성격이 부각되었다.

인터넷 서핑 중 오래전에 농협중앙회에서 제작한 〈충남 직산농협 실화〉를 소재로 한 동영상을 본 적이 있습니다. 이 동영상 속에 나오는 초창기 농협 직원의 모습은 직장인이라기보다는 농민운동가에 가까웠습니다. 다시 말해 농협 초창기 농협인의 모습에서 경영체(사업체) 측면보다 운동가(결사체)적 측면이 강하게 나타나고 있음을 알 수 있었습니다. 아울러 조합원 또한 농협사업에 적극적으로 참여하고 이용하는 모습뿐 만 아니라 주변 사람들(고객) 또한 농협의 역할에 대한 깊은 관심이 있었습니다.

오늘날 농협 정체성의 위기에 즈음하여 40년이 지난 직산농협 실화를 바탕으로 제작된 동영상은 농협인의 운동가적인 모습뿐만 아니라 또한 농협의 위기극복요인이 무엇인지를 찾아내는 단초를 제공했습니다.

위기극복요인 3가지

위기극복 요인 ① 충성성

위기 성공 함수 = f(인식 · 공간 · 시간)

투자분석가 칼 프랭클린은 그의 저서 〈세상을 바꾼 혁신 vs 실패한 혁신〉에서 '성공함수는 인식, 공간, 시간이다.'라고 했습니다. 이 3가지 측면을 고려하여 농협의 위기극복요인을 규명해 보고, 이를 토대로 농협의 우수 DNA가 무엇인지 살펴보겠습니다.

먼저 '인식'의 측면입니다. 인식은 누가 합니까? 사람이죠.

첫째는 '농협 직원'입니다. 직산농협 실화를 바탕으로 제작된 동영상에는 각종 시기 질투와 의심의 눈길을 보내는 주변의 힘겨운 시련을 극복하는 농협 직원(영농부장)이 나옵니다. 그는 마지막 장면에서 "협동의 씨앗들은 하나, 둘 보람의 꽃으로 피어나기 시작했습니다. 자! 이제 나는 또 가봐야 합니다. 대지에 심은 내 소망이 열매를 맺게 하기 위해서는 내 젊음은 또 분주하게 뛰어야만 하는 것입니다"라고 자신 있게 외칩니다. 이처럼 농협이 위기를 겪을 때마다 묵묵히 자신의 맡은 바 직무를 소신을 가지고 수행해나가는 직원이 있었기에 우리는 수많은 위기를 이겨낼 수 있었습니다.

두 번째 인물은 '조합원'입니다. 농협에 대한 외부의 어떠한 비난에도 흔들리지 않고 언제나 농협의 든든한 버팀목이 되어준 진정한 농협 주인. 이들이 없었다면 농협은 존재하지도 못할 뿐만 아니라 존재 이유도 없습니다. 항시 떠나갈 준비를 하면서 자신의 이득만 앞세우는 무늬만 주인행세를 하는 조합원과는 확연히 다릅니다.

세 번째는 '고객'입니다. 이들은 조합원이나 직원과는 달리 농협의 구성원은 아니지만, 농협이 존재할 수 있도록 농협사업을 이용·후원하는 한편 외부의 강력한 유혹에도 흔들림 없는 신뢰를 보내주는 사람들입니다.

인식이란 사물을 분명히 분별하고 판단하여 아는 일, 다시 말해 농협의 내부 사람(직원·조합원)과 외부 사람(고객)이 농협이라는 조직을 분명히 분별하고 판단하여 농협이 이 세상을 위해 꼭 필요한 조직이라는 것을 안다는 것을 의미합니다. 이들에게서 협동조합의 가치 중 구성원이 지녀야 할 첫 번째 가치인, '정직'을 발견합니다. 정직이란 거짓말을 하는 차원을 넘어 올바르고 곧은 마음가짐(正直)입니다. 그 의미는 그들 마음에는 농협을 향한 마음이 올바르고 곧아서 흔들림이 없음을 의미합니다. 다시 말해 마음(心)의 중심(中)에는 항상 농협이 있고, 그래서 농협에 대한 충(心+中)성스러운 마음가짐이 자연스럽게 우러나온다는 거죠.

위기극복 요인 ② 지역성

충성도가 높은 이들을 면밀히 살펴보면 공통점이 있습니다. 뭘까요? 그렇습니다. 이들은 지역 직원, 지역 농민, 지역 고객들이죠. 모두 '지역 주민'입니다. 바로 여기에서 우리는 농협의 위기극복 두 번째 요인이 '지역'이라는 사실을 알 수 있습니다.

농협은 철저히 '지역'을 기반으로 하는 조직입니다. 농협의 명칭에서도 볼 수 있듯이, 예를 들면, ○○농업협동조합처럼 대부분 농협의 명칭 중 가장 먼저 자리하는 낱말이 바로 '지역'입니다. 이 지역이라는 공간은 농협의 탄생에서부터 현재의 모습까지 이끌어 온 성장의 원동력입니다.

위기극복 요인 ③ 시대성

마지막으로 농협이 수많은 위기를 넘길 수 있었던 세 번째 요인은 시대적 필연성에서 찾을 수 있습니다. 근대 협동조합의 역사는 1844년 영국의 로치데일공정개척자조합에서 출발합니다. 산업혁명 이후 자본주의 경제체제 아래에서 구조적 약자인 노동자·농민·소시민계층 등이 자신들의 경제적 이익을 보호하기 위해 조직한 단체가 바로 협동조합이죠. 한마디로 자본주의 제도의 산물입니다. 시대적으로 당연히 생성될 수밖에 없었다는 겁니다.

이러한 시대적 측면에서 볼 때 농협도 초기에는 국가 경제의 중심이었던 농촌경제를 빠르게 회생시키기 위한 시대적 요구에 부응하기 위해 정부 주도로 만들어졌습니다. 다시 말하면 정부의 보호 아래 농촌의 핵심 생산자단체로서의 조직기반을 다진 것이죠. 그 결과 농협에 위기가 닥쳐올 때면 자의 반 타의 반으로 정부가 방패막이 되어준 시대가 있었던 것 또한 부인할 수 없습니다. 오죽했으면 나라가 망하지 않으면 농협도 망하지 않는다는 말들이 공공연하게 나돌았으니까요. 그러나 이제 이러한 시대는 갔습니다. 더는 정부가 농협을 보호하지도 않고, 보호할 수도 없는 그런 시대에 와 있습니다. 농협은 하향식으로 조직돼 상향식으로 발전했다고 할 수 있죠. 1988년 이후 조합장 직선제 및 중앙회장 선거제 등이 이뤄지면서 상향식 운영체계가 정착되고, 민주·자율농협으로 발전해 현재에 이르게 되었습니다.

또 한편으로 2008년 미국발 세계금융위기에서 그 극복방안 내지는 대안으로 협동조합이 주목받기 시작했습니다. 스페인의 협동조합 복합체 몬드라곤, 이탈리아 에밀리아로마냐 협동조합 성공사례가 널리 알려지면서, 개인의 힘은 미약하지만, 평등의 기초 위에 상생을 위해 손을 맞잡으면 어떠한 어려움도 견뎌낼 수 있다는 협동조합의 정신이 빛을 발하기 시작했습니다. 이러한 연장선에서 유엔은 2012년을 '세계협동조합의 해'로 선포하였습니다. 우리나라도 2012년 12월 1일 협동조합기본법을 시행하기에 이르렀습니다. 바야흐로 21세기는 협동조합의 시대입니다.

이처럼 시계열적 측면에서 보면 과거 농협의 위기극복 근저에는 하향식 정부의 지원체제를 바탕으로 하는 시대성에서 위기극복요인을 찾을 수 있었습니다. 하지만 지금은 자율적인 결사체라는 협동조합의 본질을 요구하는 시대입니다. 시대가 요구하는 특성을 농협이 바로 알 때 우리는 현재와 미래의 위기를 극복할 수 있을 것입니다.

농협의 우수 DNA

농협의 우수 DNA

농협의 위기극복요인들에서 3가지의 농협 우수 DNA를 찾을 수 있었습니다. 다시 정리해보면 소명의식을 가지고 맡은 바 책무를 적극적으로 수행하는 '직원', 누가 뭐라고 해도 농협에 대한 흔들림 없는 믿음을 가진 '조합원', 그리고 지속적으로 신뢰와 후원을 아끼지 않는 '고객'에게서 첫 번째 농협의 우수 DNA, '충성성'을 발견할 수 있었습니다.

그리고 충성성을 보이는 직원·조합원·고객에게서 농협은 '지역'을 기반으로 하는 조직이라는 점을 발견하게 됩니다. 바로 두 번째 우수 DNA인 '지역성'이죠.

아울러 '시대성'을 세 번째 우수 DNA로 들었습니다. 우리가 사는 이 시대, 21세기는 협동조합의 시대입니다. 과거에는 위기극복의 일면을 '외부적(타율적) 시대성', 즉 정부의 강력한 외부에 의한 타율적 보호에서 이루어졌다면, 이제는 '내부적(자발적) 시대성', 바로 협동조합의 공동체 정신에서 찾을 수 있습니다.

이제 우리에게 남은 것은 이러한 우수 DNA를 더욱 진화시키고, 불량한 DNA는 과감하게 제거하는 변화와 혁신의 조직문화 구축이 필요합니다. 바로 'NH WAY'를 만드는 일입니다.

5. 농협이 나아갈 길, NH WAY

사회문화와 기업문화의 개념

문화란 무엇입니까? 흔히 사용하는 용어이지만 문화를 전문적으로 연구하는 사회과학자들조차 문화를 사회구성원들의 공통된 생활양식, 후천적으로 습득된 사회구성원들의 집단적인 심적 프로그래밍, 모든 일에 대한 사회구성원들의 관점 등으로 다양하게 정의 내리고 있습니다.

그러나 일반적으로 문화란 사회를 구성하고 있는 모든 사람이 공통적으로 가지고 있는 가치관과 신념, 이념과 관습 그리고 지식과 기술을 포함한 거시적이고 종합적인 개념으로서 사회구성원의 행동양식에 영향을 주는 중요한 요소로 인식되고 있습니다. 따라서 문화는 사회구성원의 행동과 사회체계를 형성하고 이를 연결·조정하는 총합요소라고 할 수 있습니다.

기업문화의 개념도 이러한 의미에서 볼 때, 기업구성원들이 공유하고 있고 구성원 행동과 전체 기업체 행동에 기본전제로 작용하는 기업체 고유의 가치관과 신념, 규범과 관습 그리고 행동 패턴 등의 거시적 총체라고 할 수 있습니다.

선진국에서는 기업체의 뚜렷한 기본가치를 중심으로 독특한 기업문화를 성공적으로 개발하여 정착시킨 기업체들을 많이 볼 수 있습니다. 예를 들면, GE의 무한계(boundaryless)가치관, 도요타의 가이젠[2], HP의 배회관리(MBWA;Managemant By Wandering Around)[3] 등은 기업의 기본가치로서 이들 기업문화의 핵심을 이루고 있습니다. 우리나라에서도 삼성의 제일주의, 현대의 행동주의, LG의 인화, SK의 패기 등이 이들 기업의 문화전통으로 강조되어 왔습니다.

조직문화가 중요하다

협동조합 정의, 가치 및 원칙을 기본으로, 농협 미션과 비전 그리

---

2) 가이젠은 개선 또는 개혁을 의미한다.(이학종, p.358)

3) 배회관리란 관리자들이 사전에 계획된 일정표에 의해서가 아니라 일상적으로 항상 구성원들과 친근하게 이야기를 나누고, 구성원들도 언제든지 관리자를 방문할 수 있는 개방적 의사소통에 의한 관리방법을 의미한다. 따라서, 관리자들의 사무실에는 작업대와 의자 그리고 칠판이 구비되어 있고, 이것은 개방적이고 비공식적인 의사소통을 강조하는 HP Way의 문화적 상징물로 널리 알려져 있다.(Peters and Waterman, 1982, pp.122~123)

고 핵심가치를 우리 모두 함께 공유한다면 〈정체성의 위기〉를 극복할 수 있을 겁니다. 이러한 바탕에서 경영목표 그리고 목표별 핵심전략들이 수립되어야 하죠.

그런데 현대 경영학의 아버지로 불리는 피터 드러커는 이런 말을 했습니다. "문화는 아침 식사로 전략을 먹는다." 이 말은 조직문화의 중요성을 강조한 말입니다. 다시 말하 아무리 멋진 미션, 비전, 핵심가치와 경영전략이 있다 하더라도 바람직한 조직문화, 즉 NH WAY 농협이 나아갈 길(토대)이 제대로 형성되어 있지 않다면 실패하고 맙니다.

아무리 좋은 유전자를 타고난 사람이라 할지라도 그가 살아가는 환경 내지 배경인 가족문화가 엉망이라면 훌륭한 인재가 되기 어려운 것과 마찬가지입니다. 다시 말해 농협의 우수 DNA가 제대로 작동하는 길을 만들어야 합니다.

어떻게 하면 농협의 우수 DNA를 진화시켜 현재와 미래의 위기에 대비할 것인가? 그 해답은 조직문화혁신운동(BREAK 운동)입니다. 이 조직문화혁신운동을 통하여 새롭고 칸탄한 농협 조직문화를 창출해야 합니다. 그 길이 바로 비전을 향한 농협 조직 문화의 길, NH WAY입니다.

정리해서 말씀드리면, 농협 구성원들의 가치 중심적 사고방식과 행동은 농협 문화를 개발하고 유지하는 데 매우 중요합니다. 왜냐하면 다양한 우수기업의 사례에서 보듯이 성공적인 기업문화가 곧 기업경쟁력을 의미하고 높은 성과를 창출했기 때문입니다. 그렇다면 우리가 우선적으로 수행해야 할 과제, 조직문화에는 어떠한 것이 있는가를 살펴보도록 하겠습니다.

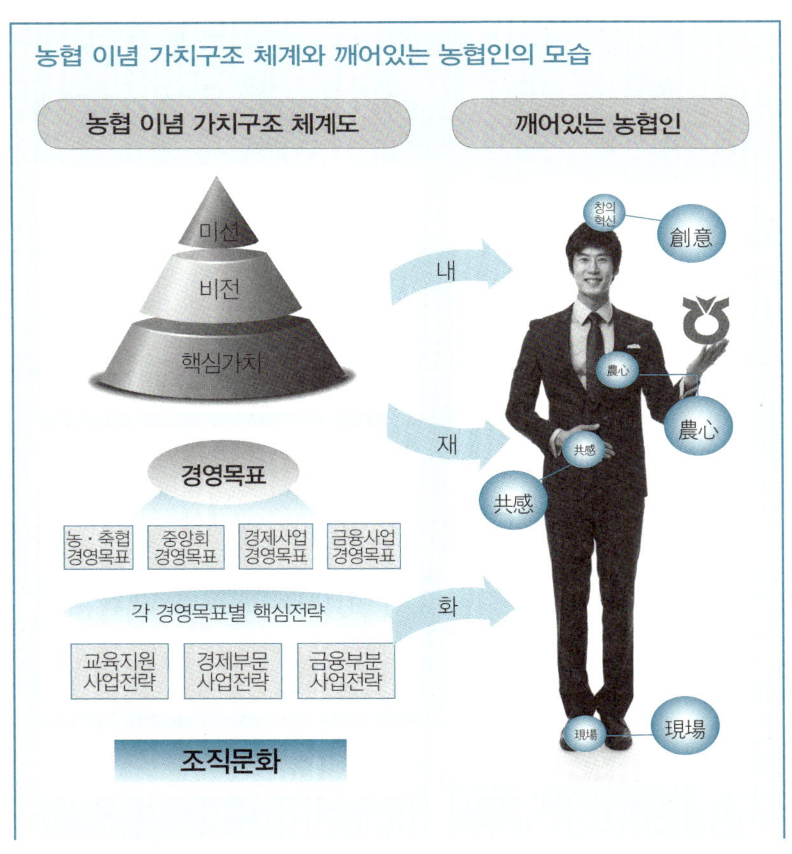

농심을 가슴에 안고 깨어있는 농협인이 되기 위해서는 올바른 협동조합의 가치를 바탕으로 〈농협의 미션·비전〉과 〈농협사업 경영목표와 추진전략〉을 동시에 실천해야 한다. 이는 농협 조직구조의 이중성인 운동체적 특성과 사업체적 특성을 균형 있고 조화롭게 추진할 때만 달성 가능하다. 그래서 10만 農心운동은 범 농협 임직원이 농협 이념(가치)의 이해를 바탕으로 도전과 열정을 가지고 창의적인 업무추진을 실천하겠다는 굳은 의지와 함께 희망 2020 비전을 향해 전사적으로 벌이는 실천운동이다.

하지만 바람직한 조직문화의 기반이 없다면 농협조직의 발전·진화는 요원할 것이다. '바른 소리'했다가 식칼 테러 당하는 문화, 업무 결정 시 전략적/혁신적 의사결정을 희생시키거나, 자신 지위를 위협할 만큼 뛰어난 유능한 부하보다 오히려 학연·지연(부서 출신 주의)에 매달려 능력이 떨어지는 하급자를 적극적으로 지원하는 그레셤 법칙이 작동하는 조직에서는 언제나 악화는 양화를 구축한다(Bad mcney drives out good). 따라서 올바르고 바람직한 조직문화의 조성이 무엇보다 중요하다.

조직문화 혁신운동(BREAK 운동)

NH WAY 만들기(BREAK 운동)

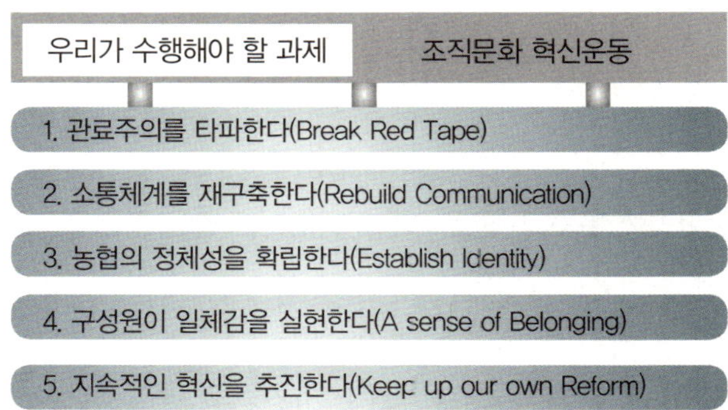

농협 구성원들이 해야 할 일은 NH WAY를 만드는 일입니다. NH WAY를 만들기 위해 조직문화 혁신운동(BREAK 운동)을 범 농협에 전사적으로 실천하고 전파해야 합니다.

조직문화 혁신운동(BREAK 운동)의 'BREAK'는 협동조합의 가치 10가지 중 구성원이 지녀야 할 가치 '공개', 즉 '열린 마음'을 가지기 위해 농협 구성원 상호 간 마음의 벽을 허무는 작업이란 의미에서 BREAK라는 용어를 사용했습니다. 여기에 의미를 하나 더 덧붙여 영어 'Break the ice'라고 하면 '해결책을 마련하다' 라는 의미입니다. 다시 말해 위기극복의 해결방안을 마련한다는 의미도 내포합니다.

조직문화 혁신운동(BREAK 운동)은 크게 5가지입니다.

- 우리 조직 내에 있는 관료주의 잔재를 타파한다.
- 수평적인 조직으로 소통하는 상생조직을 만들기 위해 소통체계를 재구축한다.
- 협동조합 정의, 가치, 원칙에 맞는 농협 정체성을 확립한다.
- 계통 및 조직 구성원 상호 간 일체감을 실현한다.
- 이러한 조직문화 혁신을 지속적으로 추진한다.

조직문화 혁신운동 ① 관료주의 타파(Break Red Tape)

첫 번째가 바로 관료주의 타파입니다. 농협조직에 보수 · 관료주의가 아직 업적, 능력을 짓누르고 있는 것이 현실입니다. 이는 인적 자원낭비와 직 · 간접비용증가를 가져옵니다. 최근 관료주의는 과거와

는 다소 양상을 달리합니다. 주요 핵심간부들이 바뀌는 인사시즌에는 의레 경쟁력확보를 한다는 명목으로 각 사업부서 조직 명칭 변경부터 시작하여 조직체계의 변경이 있었습니다. 그러다 보니 조직체계가 복잡해져서 조직구성원 간에 어떤 일을 어느 부서에서 담당하는지 모르는 경우가 다반사가 되었습니다. 이와 더불어 상위계층 경영인력의 증가 형태가 최근 두드러지면서 무의미한 통제와 과잉 정보 등으로 솔선력 및 창의력이 약화되는 조짐을 보입니다.

경쟁력 확보를 위한 조직의 체질개선이 오히려 조직의 경쟁력을 약화시키는 새로운 양상의 관료주의가 나타나는 근본적인 이유는 뭘까요? 다시 말해 왜 관료주의를 타파해야 할까요? 그것은 바로 '책임의식 부재'입니다. 여러 가지 이유가 있겠지만, 관료조직에서 보이는 주요 요인은 '1년 혹은 2년이면 자리변동을 하는 상위 간부들의 인사이동' 때문입니다. 이들 관심의 대부분은 재임 기간이 짧다 보니 장기적인 관점보다는 단기적인 성과 위주에 치우치려는 경향이 강하게 나타납니다. 그렇다면 어떻게 해야 할까요? '연대책임'을 부과해야 합니다. '연대책임'이란 재임 후에도 현 담당자와 동일한 책임을 수반하게 하는 것입니다.

이것이 실현되기 위해서는 폭넓은 권한 이양의 조직문화가 안착될 필요가 있습니다. 왜냐하면 첫째, 시장이 재편되었고, 둘째, 더는 중앙 통제적 경영 메커니즘으로는 현재와 같은 속도의 시대에 대응할 수 없기 때문입니다. 이러한 권한 이양의 대표적 사례가 노드스트롬 백화점인데요. 이 백화점의 제1 규칙은 "모든 상황에서 스스로의 판단을 활용하세요"입니다. 중국의 사서인 〈송사(宋史)〉에 나오는 고사성어, "의심 가는 사람에게는 일을 맡기지 말고, 일단 맡긴 사람은 의심하지 말라"는 의인불용 용인불의(疑人不用 用人不疑)처럼…

정리해서 말씀드리면 관료주의 타파는 우리 농협조직을 사람 중심의 부가가치를 창출하는 조직으로 만드는 겁니다.

조직문화 혁신운동 ② 소통체계 재구축(Rebuild Communication)

두 번째는 소통체계를 재구축해야 합니다. 가부장적인 조직의 계층문화는 조직구성원 간의 위화감으로 소통 부재를 일으킵니다. 담뱃대의 연기처럼 관료·계층적 조직문화는 조직의 핵심역량을 허공으로 날려 보냅니다.

GE의 잭 웰치 회장이 한국을 방문, 대기업 총수와의 회담을 가진 적이 있었습니다. 대화가 오고 가는 중 잭 웰치가 잘못된 정보를 가지고 말하자 한국지사 간부가 그의 말을 가로막고 대신 답변을 했습니다. 그런데 잭 웰치 회장은 불쾌한 표정 없이 흔쾌히/기꺼이 그 간부직원이 끝까지 얘기할 수 있도록 했습니다. 한국의 여러 조직에서 조직의 회장이 얘기하는데 간부직원이 중간에 말을 가로막을 수 있을까요?

그뿐만 아닙니다. 철저한 관료주의는 자기네들끼리 얘기하고는 "보면 몰라", "당신은 그걸 꼭 얘기혀야 알아" 식이죠.

부정적인 기업문화를 긍정적인 문화로 바꾸는 데는 2~6년이라는 시간이 걸립니다. 반면 직원들의 사기와 생산성을 떨어뜨리는 데는 5분도 채 안 걸리죠.

여기서 질문 하나를 드리죠. "여러분은 농협의 종업원입니까? 구성원입니까?" 1997년 건국 후 최대금융부정사건으로 기록된 한보 사태 당시 전 한보그룹 정태수 회장의 말, "머슴이 알면 뭘 아느냐, 주인인 내가 잘 알지"라는 말이 세간에 회자된 적이 있습니다. 여기서 머슴은 따를 종(從)의 의미인데, 그 뉘앙스가 담긴 말이 바로 종업원입니다.

'종업원'이란 시키는 대로 하는 사람입니다. 반면에 '구성원'이란 스스로 알아서 일하는 사람이죠.

그래서 소통체계의 출발은 이제 〈수직적 조직〉이 아니라 〈수평적 조직〉에서 그리고 〈종업원 마인드〉가 아니라 〈구성원의 마인드〉에서 출발해야 합니다.

조직문화 혁신운동 ③ 정체성 확립(Establish Identity)

세 번째, 정체성 확립입니다.

몇 해 전 출간 된 『협동조합 참 좋다』라는 책에서 저자는 농협을 향해 "Stupid, it's Coop!(멍청이들아! 이것이 바로 협동조합이냐)"라고 하면서 "농협, 협동조합의 심장이 뛰지 않는다. 협동조합의 무대에서 존경받지도 못한다. 조합원, 임직원에 대한 협동조합 No. 5 (교육, 훈련 및 홍보의 원칙)도 무시한다"라고 지적하면서 덧붙이길 "농협 잘못한다고 농협을 버릴 수는 없다. 이제부터라도 협동조합의 정체성과 원칙을 찾아라"라고 주문합니다.

왜 농협이 이런 소릴 들어야 할까요? 한목소리 내는 조직문화를 창출하지 못했기 때문입니다. 그래서 이제 협동조합의 이념, 가치 및 원칙을 교육과 더불어 홍보하면서, 범 농협의 통합 비전과 미션을 함께 공유해야 합니다.

조직문화 혁신운동 ④ 일체감 실현(A sense of Belonging)

네 번째는 농협 계통 간, 조직 간 일체감 조성입니다. 조직이 커지면 커질수록 계통·조직간 불만이 쌓이고 심지어 서로 경쟁하는 현상인 '사일로 효과'가 나타납니다. 그래서 "우리 팀만, 우리 부서만 잘하면 된다"라는 생각이 팽배해집니다.

고객이 볼 때 중앙회, 경제 지주, 농협은행, 심지어 하나로 마트 직원 모두 '농협인'으로 인식합니다. 정규직, 계약직, 파트타임 등을 구분하지도 않습니다. 모두가 고객의 입장에서는 농협인 입니다. 그런데 고객만 사라지고 나면, 우리 농협인들은 서로 서로를―당신은 농협 직원, 당신은 축협 직원, 당신은 중앙회 직원, 당신은 경제 지주 직원, 당신은 농협은행 직원, 당신은 정규직, 당신은 비정규직―

이라고 구분 짓습니다. 이것이 우리에게 다가온 〈농협 정체성의 위기〉를 일으키는 주범입니다.

농협 구성원으로서 우리의 존재 이유가 뭡니까? 다시 말해 우리 농협은 궁극적으로 어디를 지향하고 있는지를 분명히 인식해야 합니다. 즉, 미션을 명확히 한다면 농협 구성원은 서로를 절대 구분 짓지 않을 겁니다. 농협의 미션은 무엇입니까? 네, 그렇습니다. "협동과 혁신으로 농업인에게 풍요로운 미래를, 고객에게는 최고의 가치를 제공함으로써 국가와 지역사회에 기여하는 것입니다."

그래서 우리 모두 '농협인'이라는 일체감을 가질 수 있는 조직문화가 필요합니다. 쉽게 말하면 '농협'이라는 두 글자에 모든 농협 구성원 자신의 희망과 기쁨이 담겨 있어야 합니다. 그래야 환희가 넘치는 '일체감을 실현하는' 농협조직문화가 구축될 수 있습니다.

조직문화 혁신운동 ⑤ 지속적 혁신추진(Keep up our own Reform)

마지막으로 이러한 조직문화 혁신운동은 지속적으로 추진되어야 합니다. 그러기 위해서는 무엇보다 조직문화를 만드는 주체, 조직 리더들이 솔선수범해야 합니다. 여기서 조직 리더란 최고 CEO, 상무, 부서장뿐만 아니라 6개월 조직에 먼저 입사한 선배는 6개월 후에 입사한 후배에게는 조직의 리더라는 의미를 함께 담고 있습니다.

그리고 조직구성원은 〈충전식 건전지형〉과 〈자가발전기형〉 두 가지 부류로 구분할 수 있습니다. 충전식 직원은 월급날이 가까이 오면 거의 방전된 상태로 이것저것 불만이 많은 직원입니다. 이들은 월급 아니면 충전이 안 됩니다. 자신이 하는 일에 대한 보람은 전혀 없습니다. 심지어 뱀파이어로 변하여 조직구성원들을 뱀파이어로 만듭니다. 반면 자가발전식 직원은 조직의 구성원으로 주체적으로 행동합니다.

이처럼 조직구성원들이 자가발전기형이 되도록 하기 위해서는 조직 리더들은 면밀히 부하직원들을 관찰하고, 멘토와 코치 역할을 수행해 구성원들의 성과창출능력을 지원해야 합니다.

아울러 농협 버스에 승차하여 함께 갈 구성원에는 뱀파이어같은 구성원이 탈 수 없는 조직문화를 구축해야 합니다. 분명하고 가장 중요한 것은 임직원 자신 스스로가 즐거워야 혁신은 지속할 수 있습니다.

비포장도로에서 버스는 제대로 달리지 못하고, 안전하지도 않습니다. 그래서 고속도로처럼 도로포장을 합니다. 이와 마찬가지로 우리 농협버스가 달려야 하는 비포장도로를 안전하게 달릴 수 있도록 조직문화혁신운동(BREAK 운동)으로 포장해야 합니다.

다시 정리해 보면,

1. 관료주의 잔재들을 타파하고, (Break Red Tape)

2. 소통체계를 재구축하고,　　　(Rebuild Communication)

3. 정체성을 확립하여,　　　　　(Establish Identity)

4. 일체감을 실현하고,　　　　　(A sense of Belonging)

5. 지속적 혁신을 추진　　　　　(Keep up our own Reform)

즉, BREAK 운동을 통해 농협의 우수 DNA가 더욱 진화되고 창출될 수 있는 NH WAY를 만들어야 합니다.

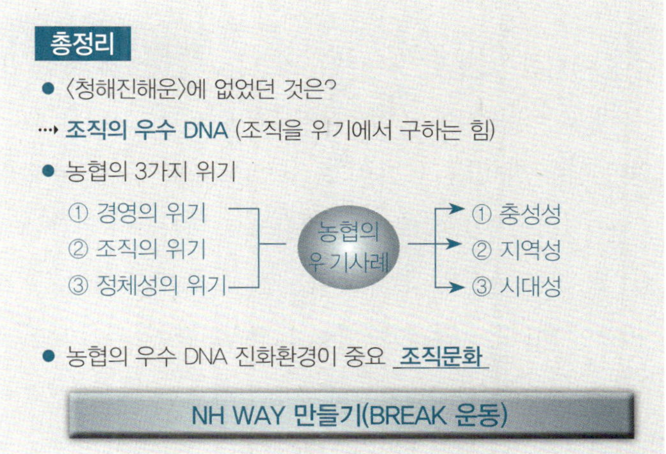

오늘 강좌를 간단히 정리하면서 마무리하겠습니다.

세월호 사건에서 〈청해진 해운〉이라는 조직에 없었던 것은 무엇이었나요? 그렇죠. 바로 조직의 우수 DNA이 없었습니다. 조직의 우수 DNA는 조직을 위기에서 구해내는 힘입니다.

현재 농협이 겪는 3가지 위기에는 어떤 것들이 있었나요?

네, 맞습니다. 경영의 위기, 조직의 위기(자율성의 위기) 그리고 정체성의 위기(농협 이념의 위기)였습니다.

'어떻게 극복할 것인가?'의 해답을 지나온 농협의 위기극복 요인에서 찾아보았습니다. 즉, 지나온 위기 극복사례들로부터 농협의 우수 DNA를 발견할 수 있었는데, 무엇이었나요?

네, 바로 '충성성', '지역성', '시대성'이라는 것을 알았습니다.

그런데 이러한 농협의 우수 DNA가 더욱 강력하게 자리 잡기 위해선 무엇보다 바람직한 조직문화가 필요합니다. 그래서 우리 농협 구성원이 해야 할 일은 농협 비전으로 나아가는 길을 가로막는 장애물, 위기요소들을 조직문화혁신운동으로 제거하여 탄탄한 농협의 길, NH WAY를 만드는 겁니다. 다시 말해 'BREAK 운동'을 실천하고 전파해야 한다는 내용으로 말씀 드렸습니다. 강좌에 대한 문의사항이 있으면 son0935@nonghyup.com이나 son935@naver.com으로 항시 연락해주시면 열심히 답변할 것을 약속드립니다.

NH WAY 사명서

농협인 모두 조직문화혁신운동을 실천하고 전파하겠다는 굳은 의지의 표현으로 〈NH WAY 사명서〉를 함께 외치고 이번 강좌를 모두 마칩니다. 책을 왼손으로 잡으시고 오른손을 들어 큰소리로 〈NH

WAY 사명서〉 외쳐주시면 되겠습니다.

『NH WAY 사명서』

나는 / 관료주의를 타파하고 /

수평적 소통체계를 구축함으로써 /

우리 조직의 정체성을 확립하고 /

구성원 상호 간 일체감을 확립하기 위하여 /

바람직한 조직문화를 구축하고자/ 지속적으로 /

나 자신의 혁신을 추진할 것을 다짐합니다. 〈바로〉

끝까지 읽어주셔서 감사합니다.

변화와 혁신, 왜 필요한가?

- 제레미 구체(2010), 『트렌드 헌터』, 리더스북, part 2 관습적 행동 방식이 변화를 가로막는다 / 혁신을 이루려면 조직 문화를 강화하라 (원숭이 사례 인용)
- 데이비드 쿠퍼 라이더 · 다이애나 위트니(2009), 『조직변화의 긍정혁명』, 도서출판 쟁이. pp23~56.

농협의 미션, 비전 & 핵심가치

- 류랑도(2012), 『회사 개념어』, 쌤앤파커스, pp. 35~39, pp. 228~235

농협의 위기들

들어가며

- 박재림 外(2005), 『일하기 좋은 기업』, 거름, pp. 233~241.
- 정철화(2010), 『1등 기업의 이기는 습관』, 무한.
- 게리 닐슨 外(2007), 『창조 DNA를 이식하라』, 21세기북스, pp. 27~38.
- 윤여중(2005), 『조직 DNA(Organizational DNA』, LG주간경제, p. 15.

위기의 의미

- 벤 길라드(2005), 『미래를 내다보는 힘』, 3mecca, p. 127.

농협에 다가온 3가지 위기

- 김두년(2013), 『협동조합의 정체성과 자율성의 위기극복방안』, 한국협동조합연구.

사업의 위기(=경영의 위기)

- 농협중앙회(2011), 『한국농협 50년사(2권)』, p. 440.
- 경향신문, 『농협운영위기에 직면』, 1960. 8. 4, 2면.
- 매일경제, 『만신창이… 농업금융』, 1969. 11. 15, 3면.
- 매일경제, 『도산위기에 몰린 농협 연쇄점』, 1971. 6. 3, 5면.

조직의 위기(=자율성의 위기)

- 한겨레, "메마른 농촌, 비대한 농협", 1994. 3. 6, 3면.
- 동아일보, "한호선 농협회장 구속", 1994. 3. 6, 1면.
- 동아일보, "농·수·축협 전면수사", 1999. 3. 2, 1면.
- 매일경제, "원철희 농협회장 전격 사퇴", 1999. 3. 1, 1면.
- YTN, "정대근 농협회장 구속", 2006. 5. 12.
- 한국일보, "농협전산마비", 2011. 4. 15, 4면.
- SBS, "농협카드개인정보유출", 2014. 1. 18.

정체성의 위기(=이념의 위기)

- 류랑도(2012), 『회사 개념어』, 쌤앤파커스, pp. 228~235.
- 김기태(2013), 『한국 협동조합의 과거와 현재』, 도시문제 제533호, pp. 17~21.

위기극복 DNA를 찾아라

조직 DNA의 의미

- 손동원(2007), 『기업 생로병사의 비밀』, 삼성경제연구소, pp.6~102.
- 민진규(2011), 『삼성문화 4.0 어떻게 진화할 것인가』, 글로세움, pp. 51~60.
- 벤처기업협회(2005), "성공을 위한 기업의 DNA 전략", LG주간경제.

■ 동영상 자료 〈충남 천안 직산농협 실화〉, 농협중앙회.

위기극복요인

■ 칼 프랭클린(2008), 『세상을 바꾼 혁신 vs 실패한 혁신』, 시그마북스, p. 313.

■ 정철화(2010), 『1등 기업의 이기는 습관』, 무한, pp. 146~148.

■ 민진규(2011), 『삼성문화 4.0 어떻게 진화 할 것인가』, 글로세움, pp. 337~345.

■ 손동원(2007), 『기업 생로병사의 비밀』, 삼성경제연구소, p. 19, p. 100

■ 마조리 켈리(2013), 『그들은 왜 회사의 주인이 되었나』, 북돋움, pp. 158~161. pp. 277~287.

■ 정재인(2013), 『협동의 경제학』, 레디앙, pp. 233~241.

농협이 나아갈 길, NH WAY

사회문화와 기업문화의 개념

■ 박기찬 외 공저(2005), 『경영의 교양을 읽는다』, 더난출판, pp. 419~438.

■ 츠카코시 히로시(2010), 『나이테 경영, 오래 가려면 천천히 가라』, 도서출판 서돌, p. 9, pp. 192~206.

■ 이학종(2008), 『기업문화와 기업경쟁력』, 박영사, pp. 14~15, p. 302, p. 358.

■ Peters TJ and Waterman, RH, Jr.(1982), In Search of Excellence (NY:Harper and Raw). pp. 122~123

조직문화가 중요하다

■ 존 매키 外(2014), 『돈 착하게 벌 수는 없는가?』, 흐름출판, p. 342.

■ 2012 춘계학술대회(Creative Thinker's Forum) 구글코리아 신창업 전무 발표문.

■ 박재림 外(2005), 『일하기 좋은 기업』, 거름, pp. 164~167.

조직문화 혁신운동(BREAK 운동)

- 게리 닐슨 外(2005), 『잘하는 것을 유지하고 잘못은 고치고, 뛰어난 성과는 발휘하기[도서요약]』, 네오넷코리아.
- 이학종(2008), 『기업문화와 기업경쟁력』, 박영사, pp. 263~265.
- 류랑도(2012), 『회사 개념어』, 쌤앤파커스, pp. 24~28, pp. 118~120, p. 133.
- 게리 닐슨 外(2007), 『창조 DNA를 이식하라』, 21세기북스, pp.167~249.
- 심재우(2006), 『GE의 핵심인재는 어떻게 단련되는가?』, 스마트 비즈니스, p. 111.
- 찰스 B.다이저트(2007), 『강력하게 돌아가는 조직으로 혁신하라』, 리드출판, pp. 41~58, pp. 67~85.
- 박재림 外(2005), 『일하기 좋은 기업』, 거름, pp. 91~95, pp. 157~159.
- 김현대 外(2012), 『협동조합, 참 좋다』 푸른지식, p. 232~239.
- 한철환(2012), 『세상 모든 CEO가 묻고 싶은 질문들』, 위즈덤하우스, pp. 36~38.
- 래리 셸던 外(2012), 『회사를 먹여 살리는 착한 고객』, 위즈덤하우스, pp. 36~38
- 정철화(2010), 『1등 기업의 이기는 습관』, 무한. pp. 136~330.
- 짐 콜린스(2011), 『좋은 기업을 넘어 위대한 기업으로』, 김영사. p. 290.
- 민진규(2011), 『삼성문화 4.0 어떻게 진화할 것인가』, 글로세움, pp. 21~27.

농협 우수 DNA 창출하는 길(NH WAY)

- 박재림 外(2005), 『일하기 좋은 기업』 거름, pp. 267~298.
- 재정경제부(2007), 『THE MOFE WAY』, 나남.
- 정철화(2010), 『1등 기업의 이기는 습관』, 무한, pp. 57~58.

인간은 언제 협동하는가?[4]

1. 협동하는 삶을 찾아서

아프리카 다호미의 민담

아프리카 서쪽에 '베냉'이라는 나라가 있습니다. 예전 이름이 '다호미'였죠. 이 나라에 전하는 민담을 하나 소개하죠. 어느 날 한 남자가 배를 타고 아내, 어머니와 함께 강을 건너고 있었습니다. 그때 건너편 강둑에서 신비롭게 생긴 기린 한 마리가 나타났습니다. 그는 기린을 향해 총을 겨누자, 기린은 이렇게 말합니다.

---

4) '노박(Nowak)의 협동 진화의 5가지 법칙 탐구'를 손쉽게 이해하기 위해 강의형식으로 재구성함.

“당신이 나를 쏜다면, 당신 어머니가 죽습니다. 하지만 나를 쏘지 않는다면, 당신 아내가 죽습니다.”

그는 어떤 선택을 했을까요?

전형적인 ‘선택 딜레마’입니다. 삶은 선택의 연속입니다. 쉬운 선택도 있지만, 이처럼 어려운 선택에 직면할 수도 있습니다. 위 사례의 상황을 변형시켜, 그 남자와 함께 배를 타고 가는 사람이 어머니와 낯선 여자라고 가정해보죠. 그래서 기린은 이렇게 이야기합니다. “당신이 나를 쏜다면, 당신 어머니가 죽습니다. 하지만 나를 쏘지 않는다면, 옆에 있는 낯선 사람이 죽습니다.”

이번에 그 남자는 어떤 선택을 했을까요? 그렇습니다. 아마 그는 기린을 쏘지 않았을 겁니다. 그것이 자신의 어머니를 지킬 수 있기 때문이죠. 엄밀히 얘기하면 자기 자신의 이익을 위해 행동했습니다. 이처럼 어떤 선택에 직면했을 때 사람은 자기 자신의 이익을 위해 선택한다고 말할 수 있습니다.

얼마를 드리겠습니까?

그렇다면 인간은 항상 자신의 이익을 추구하는 방향으로 행동할까요? 여기 만 원권 한 장이 있습니다. 이 돈은 저의 돈입니다. 이 돈을 A(‘제안자’라고 부르겠습니다)와 B(‘응답자’라고 부르겠습니다)에게 주겠습니다. 제안자 A는 돈을 나눌 수 있는 권한을, 응답자 B는 그 제안을 받아들일지 거부할지를 결정하는 권한을 가집니다. A는 제가 준 일만 원 중 A 자신이 9,999원을 가지고 B에게 1원만 줄 것이라 제안하더라도 상관없습니다 일만 원을 다 준다고 제안해도 좋습니다.

하지만 응답자 B가 제안자 A의 제안을 거절한다면 A와 B는 한 푼도 가질 수 없습니다. 만약 여러분이 이러한 상황에 있다면 옆에 앉아 계시는 분에게 얼마를 제안하시겠습니까? 메모지에 금액을 적어 보시기 바랍니다. 1원을 적으신 분이나, 만원 전부를 제안하신 분이 계신가요? 경제학에서 말하는 경제적 인간이라면 A가 최소한의 금액 1원을 제시한다고 해도 B는 받아들일 것입니다. 왜냐하면 B의 입장에서 보면 1원의 제안을 받아들이는 것이 무일푼보다는 이익이기 때문이죠. 그런데 현실은 어떨까요?

이 실험은 노벨 수상자인 심리학자 대니얼 카너먼의 '최후통첩 게임(Ultimatum game)'입니다. 1982년 독일 쾰른 대학교에서 42명의 학생을 대상으로 최후통첩 게임을 진행했습니다. 그 결과 제안자는 평균 37%에 해당하는 몫을 제안했고, 50%를 제안한 사람들의 수가 가장 많았습니다. 또한 응답자들은 자신에게 제안된 몫이 30%를 넘지 않으면 제안을 거부했습니다.

이후 무수히 많은 실험이 시행되었지만, 실험을 통해 얻어지는 결과는 최초의 실험결과와 거의 동일했습니다. 제안자 역할을 부여받은 사람은 평균적으로 40~50%에 해당하는 금액을 상대방에게 건네주었습니다. 그리고 제안금액이 20%에 미달하는 경우 응답자들은 그 제안을 거부하는 경우가 많았습니다.

인간은 이타적인가 아니면 이기적인가?

왜 상당수의 제안자가 40~50%라는 높은 금액을 제안했을까요? 적은 금액을 제시하면 상대방이 그 제안을 거부할까 봐 그랬을까요? 그래서 독재자 게임(Dictator Game)이라는 것을 실시해 보았습니다. 이 게임방식은 최후통첩 게임과 똑같이 진행되지만 B(응답자)가 제안을 거절할 수 있는 권리를 박탈, 즉 A가 어떤 금액을 제시하더라도 B는 무조건 받아들여야 하는 게임방식입니다. 실험 결과는 어떠했을까요? 금액이 약간 줄었을 뿐(5,000원에서 3,000원으로 2천 원가량 줄어듦) 한 푼도 주지 않는 이기적인 형태를 보이지는 않았습니다. 이는 남을 생각하는 행동으로 보아야 할 것입니다. 따라서 '인간은 이기적이지만은 않다.'라고 말할 수 있겠죠.

그리고 최후통첩 게임에서 제안자가 전체 금액의 20% 이하를 제안하면, 응답자가 거부하는 현상을 보이는데, 응답자는 왜 그렇게 행동할까요? 실험이 끝난 후 제안을 거부한 응답자에게 그렇게 행동한 이유가 무엇인지를 물어보았습니다. 그들은 한결같이 '불공평'하기 때문이라고 답했습니다. 혹시 제안을 거부함으로써 포기하게 되는 금액이 적기 때문이 아닌지, 해서 10달러와 100달러, 러시아와 인도네시아 등지에서 사람들의 월평균 임금의 3배가 되는 금액을 가지고 실험을 해보았는데 실험결과 유의미한 차이는 없었습니다.

다시 말해 거부함으로써 잃게 될 몫이 보잘것없어서가 아니라, 공평하지 못한 제안에 대해서는 자신에게 불이익이 있더라도 과감히 거부함으로써 공평하지 않은 제안을 징계(punishment)하고자 하기 때문이라는 얘기입니다. 이상의 사례에서 인간은 남을 생각하고, 불공정한 행위에 응징한다는 두 속성을 알 수 있습니다. 남을 생각하고, 불공정한 행위를 응징하는 속성을 '상호성(reciprocity)'이라고 합니다. 따라서 '인간은 상호적이다.'라고 말할 수 있겠습니다.

무임승차와 진화론적 접근방식

인간이 상호관계에 따라 이타적(협력)일 수 있고, 이기적(배신, 무임승차)일 수 있다는 점을 알게 되었습니다. 그렇다면 우리 조직에서 일어나는 수많은 이기적 행위, 즉 배신과 무임승차를 어떻게 협력으로 전환시킬 수 있을까요? 그 해답의 실마리를 진화론에서 찾고자 합니다.

'뉴욕타임스지' 컬럼리스트인 데이비드 브룩스가 「다윈의 시대」라는 글에서 "진화론의 논리로 보면 왜 사람이 경쟁하는지, 집단을 이루는지, 사랑에 빠지는지 모두를 이해할 수 있다고 지적한 것처럼, 빠르게 변하고 복잡해지는 사회양상을 진화론적 서사(敍事)[5]로 해석하는 게 유용하다는 생각이 학문 전 분야에 확장되고 있습니다"라고 언급한 것처럼 최근 각 학문 분야에서 기존이론으로 설명하기 어렵거나 논리적 한계에 부딪히는 상황이 발생하면 진화론적 접근방식에 의존하는 경향이 두드러지고 있습니다.

---

5) 어떤 사건이나 상황을 시간의 연쇄에 따라 있는 그대로 적음

　이처럼 다윈의 진화론은 생물학 분야를 넘어 철학, 경제학, 정치학, 사회학, 심리학, 의학 등 다양한 분야로 그 영역을 넓혀가고 있습니다. 그래서 누군가 21세기는 다윈의 시대라고 일컫기도 합니다.

　이러한 맥락에서 자연의 생명체는 어떻게 진화해 왔는지를 밝히는 진화론과 다윈의 적자생존 그리고 최근 자연선택과 변이 이외에 협력을 진화의 새로운 메커니즘으로 제시한 노박의 소논문 〈협동 진화의 5가지 법칙〉을 탐구해 보는 것도 의미 있는 작업입니다. 이러한 작업을 통해 우리 사회가 어떻게 진화해 나갈 것인가에 대한 고민을 함께 해보는 시간을 가지길 바랍니다.

2. 적자생존과 진화론

　이번 장에서는 적자생존과 진화의 의미, 그리고 다윈 진화론이 현대에 가지는 의미를 살펴보도록 하겠습니다.

다윈의 적자생존

　"콩 심은 데 콩 난다"는 속담처럼 생물체 종(種, species)은 변하지 않는다는 생각은 19세기가 되면서 서서히 변하기 시작했습니다. 이러한 움직임은 생물체들을 분류하는 단위로 '種'을 사용한 분류학(taxonomy)에서 나타나기 시작했는데, 지리상의 발견 이후 여행과 탐험이 활발해지면서 어느 종에도 속하지 않는 잡종(hybrid)이 나타나고 인공적으로 얻어지기도 했습니다. 더욱이 종과 종 사이의 구분만이 아니라 동물인지, 식물인지 구분이 모호한 생명체가 발견되는 등 분류학상의 문제가 심화하였고, '종의 변화'라는 생각에 '시간'의 개념을 도입한 라마르크(Jean Baptiste de Lamarck)는 시간이 지남에 따라 종은 변화한다는 주장을 하게 됩니다.

이러한 시대 상황 속에 찰스 다윈(Charles Darwin)은 「종의 기원(On the Origin of Species by Means of Natural Selection)」(1859)을 출판을 하게 됩니다. 여러분이 잘 알고 있는 적자생존이라는 말은 허버트 스펜스(Herbert Spencer)가 그의 두 번째 저서 「심리학 원리(Principles of Psychology)」(1855)에서 고안하여 사용하고 있었던 것을 다윈이 『종의 기원』 개정판을 내면서 '진화(evolution)'라는 말과 함께 '적자생존(survival of the fittest)'이라는 말을 사용하기 시작했습니다. 엄격히 말하면 다윈은 원예가, 동물사육가들이 자신이 기르는 동식물 중에서 자신이 원하는 성질을 지닌 것들만을 선택해서 번식시킴으로써 품종개량을 이루는 '인위선택(artificial selection)'과 구별하여 '자연선택(natural selection)'이라는 용어를 사용했습니다.

생명의 나무

사람들은 진화(evolution)와 진보(progress)를 같은 것으로 오해하는 경향이 있습니다. 흔히 진화는 낮은 형태에서 높은 형태로 발전하고 인간이 그 꼭대기에 있다는 '진화적 진보 개념'이 흔히 볼 수 있는 오류입니다. 사람의 진화과정을 표현하는 그림을 보면 하나같이 엉거주춤한 원숭이가 다리가 길어지면서 머리도 커지고 허리를 꼿꼿이 세우면서 마침내는 똑바로 걸어가는 모습을 보입니다. 이런 것은 인류 진화의 진짜 과정이 아닙니다. 현재의 원숭이는 결코 현재의 인간이 될 수 없습니다.

자연선택의 개념을 완성한 다윈은 생물이 어떤 방향으로 진화하는가에 대한 문제에 봉착하게 됩니다. 이 고민의 해답은 어느 날 마차를 타고 가다가 '생명의 나무'로 표현되는 '분기의 원리'에서 찾았습니다. 분기(分岐)라는 말은 나뉘어 갈라진다는 뜻인데, 생명의 나무라는 개념을 통해서 같은 근원에서 내려온 생명들이 변화를 거치면서 특성이 갈라져 나가는 경향을 말합니다. 쉽게 말해 진화는 한 방향으로 이루어지지 않고 하나의 조상에서 여러 갈래로 분화해가는 과정을 분기의 원리라고 합니다.

그래서 인간 진화의 그림은 잘못된 것이죠. 왜냐하면 이미 오래전에 원숭이와 인간으로 나뭇가지 갈라지듯이 갈라졌기 때문입니다. 그리고 생명의 나무에서 가지 끝에 있는 모든 종은 자신이 살고 있는 환경에서 잘 적응해서 살고 있는 성공적인 종입니다. 인간은 그 중 하나일 뿐입니다.

이처럼 생명의 나무는 모든 생명체가 진화를 통해 생존한다는 것을 알려줍니다. 생존을 위해서는 진화가 필요하다는 말이 되겠죠.

그리고 문화유전자 '밈' 또한 생물학적 유전자와 마찬가지로 그 생존을 위해서 진화가 필요하다는 사실이 알려지면서 사회의 지속가능성을 진화론에서 그 실마리를 찾는 연구가 활발히 진행되고 있습니다.

왜 다윈이 중요한가?

미국 과학사학자 마이클 셔머는 다음과 같이 이야기합니다.

"다윈이 왜 중요하냐면 진화가 걸려 있기 때문이다. 진화가 왜 중요하냐면 과학이 걸려 있기 때문이다. 과학이 왜 중요하냐면, 과학이야말로 우리 시대의 뛰어난 이야기, 곧 우리는 누구이며 어디에서 왔으며 어디로 가고 있는지를 말해 주는 서사적 모험담이기 때문이다."

적자생존에 기반 한 생물 진화론은 인간을 한정된 자원을 위해 경쟁하는 존재로 상정한 자본주의 고전 경제학과도 부합되는 주장입니다. 이 때문에 적자생존의 법칙은 근현대 유럽사회에서 큰 반향을 일으켰고, 생물의 일종인 인간집단을 규정하는 핵심 관점으로 부상하게 되었습니다. 특히 인류학자이자 찰스 다윈의 외사촌 형인 프란시스 골턴(Francis Galton)이 1880년대에 창시한 우생학(Eugenics)은 20세기 초부터 지금까지 인류에게 엄청난 악영향을 미치고 있습니다. 다윈의 아들조차 美우생학협회의 회장을 지내기도 했습니다.

다윈의 적자생존론을 인간에게 적용한 우생학은 '좋은 종자'를 뜻하는 그리스어로, 우생학의 중심에는 좋은 형질을 증대시키기 위해 소위 '나쁜 피'로 불리는 인간집단을 단종시켜야 한다는 믿음이 깔려 있습니다. 이러한 왜곡된 믿음은 히틀러에게 나쁜 종자로 낙인찍힌 유대인의 대량학살, 미국에서 나쁜 형질로 분류된 흑인에 대한 인종차별을 정당화하는 근거가 되기도 했습니다. 우리가 재미로 보는 혈액형의 심리학도 피와 성격을 연결한 우생학에 뿌리를 둔다는 점은 익히 알려진 사실입니다.

이처럼 적자생존은 19세기 식 낡은 사회생물학과 뒤이어 나타난 우생학에 이데올로기적 기초를 제공했습니다. 하지만 2차 대전 이후에 등장한 진화이론들이 보여주듯이, 현대 진화이론의 주요한 관심사는 '만인의 만인에 대한 투쟁'이 아니라 개체들이 서로 협력적인 형태의 사회성을 이룰 수 있는지를 보여줍니다. 그뿐만 아니라 기존 이론의 논리로 설명하기 힘든 여러 학문 분야, 국제정치, 사회학, 진화심리학, 철학, 진화경제학 등 다양한 분야에서 다원의 진화론은 진화되고 있습니다.

3. 협동의 5가지 메커니즘

이번 장에서는 그동안 진화의 지배적인 패러다임인 자연선택과 변이에 감춰졌던 공생의 법칙인 협동에 대한 탐구를 해봅니다. 최근 '협동'이 주목받고 있는 이유는 경쟁의 원리가 생물의 삶의 방식이나 인간사회에 그대로 적용되지 못한다는 사실 때문입니다. 자연선택, 변이와 더불어 협동이 일어나야 진화할 수 있다는 얘기죠.

이런 점에서 협동하게 만드는 5가지의 메커니즘을 제시하고 있는 하버드대학의 노박 교수(M.A. Nowak)가 2006년 싸이언지에 발표한 소논문 '협동 진화의 5가지 법칙'(Five Rules for the Evolution of Cooperation), 즉 혈연선택, 직접상호성, 간접상호성, 네트워크 상호성, 집단선택을 통해 협동이 어떤 조건에서 진화하는지를 알아보면서, 협동의 진화가 우리에게 어떤 시사점을 주는지 고민하는 시간을 가졌으면 합니다.

진화 - 자연선택, 변이 & 협동

지구의 생명체는 자원의 희소성으로 경쟁원리가 작용하는 자연선택이라는 환경 속에서 협력과 배신을 선택해야 합니다. 그래서 생명체는 생존을 위한 경쟁과 변이를 지속하죠. 그렇다면 생명체는 항상 자연선택과 변이를 통해서만 진화할까요?

사실 많은 종류의 생물은 같은 종 혹은 다른 종끼리 서로 협력하며 생존하고 있습니다. 심지어 다른 개처를 위해 스스로 생명을 내놓기도 합니다. 이는 개미집단을 관찰한 찰스 다윈도 발견한 사실이지만 그는 이러한 현상을 수수께끼로 덮어두었습니다. 개미만이 아니라, 꿀벌도 이타적 협력을 하는 대표적 곤충입니다. 꿀벌은 여왕벌과 알을 살리기 위해 목숨을 바칩니다. 그뿐 아니라 가축의 피를 빨아먹고 살아가는 흡혈박쥐도 비슷한 행동을 하는데 흡혈에 성공하지 못해 굶고 있는 박쥐에게 자신의 피를 나눠줍니다. 단지 같은 종만이 아닙니다. 〈꽃과 꽃가루를 옮기며 꿀을 따먹는 곤충〉, 〈악어와 악어

새〉, 〈개미와 진딧물〉, 〈코뿔소와 찌르레기〉, 〈숨이 고기와 해삼〉 등 공생이나 기생관계에 있는 생물 종들은 수없이 많습니다.

그런데 여기서 궁금증이 생깁니다. 예를 들어 〈악어새와 악어〉를 볼까요. 악어새는 기생물을 먹기 위해 악어의 입 안을 들락날락하지만, 악어는 악어새를 해치지 않습니다. 악어는 새들 덕분에 기생물을 제거하고, 악어새는 거기서 먹이를 구합니다. 공생을 위한 협력입니다. 확실히 그러한 협조는 서로에게 유익합니다. 하지만 악어들은 새들을 잡아먹음으로써 쉽게 '변절'할 수 있습니다. 왜 그러지 않는 걸까요? 만일 모든 악어가 악어새를 먹어버리면 안 된다는 도덕적 규칙을 악어들이 모여서 만들었을까요? 이러한 궁금증, 즉 '왜 생명체는 협력하는가?'에 대한 답변, 다시 말해 생명체가 진화하기 위한 협동의 조건들을 순차적으로 살펴보겠습니다.

협동의 5가지 메커니즘 ① 혈연선택

사자 새끼가 벼랑에 떨어졌습니다. 어미 사자는 어떻게 행동했을까요? 당연히 위험을 무릅쓰고 새끼를 구합니다. 협동진화의 첫 단계 법칙으로 제시한 것이 '혈연선택'입니다. 이는 부모와 자식 간에 일어나는 협력으로, 자신과 유전자가 비슷하거나 공유도가 높은 객체를 위해 희생하고 연대하는 방식을 말합니다. 일벌이 여왕벌을 위해 희생하고, 흡혈박쥐가 다른 박쥐에게 하는 이타적인 행위의 이면에는 자신과 동일한 유전자를 보호하기 위한 '이기적인 이타적 행동'으로 볼 수 있는데, 이는 대부분의 생물체에서 나타나는 압도적인 협력방식입니다. 인간의 가족관계도 이런 방식에서 설명될 수 있습니다.

생물학자 존 할데인(J.B.S. Haldane)은 "나는 물에 빠진 2명의 동생 혹은 8명의 사촌을 구하기 위해 강으로 뛰어들 것이다"라는 표현은 1960년대 영국의 생물학자 윌리엄 해밀턴이 할데인의 주장을 확장 체계화한 해밀턴 법칙(Hamilton's rule)으로 혈연선택을 잘 설명할 수 있습니다. 해밀턴 법칙[r > c/b]은 유전자 공유도 r(근친도)이 c(이타적 행위에 따른 비용)/b(상대방이 이타적 행위로 인해 얻게 되는 이득)보다 클 때 이타적 행위가 일어난다는 것을 보여줍니다. 여기서 근친도(relatedness)란 친족 간 유전자의 공유 정도를 나타내고, 두 형제가 가계(descent)로부터 받은 동일 유전자를 공유할 확률은 1/2이고, 사촌 간의 공유 확률은 1/8입니다.

쉽게 말해 동생은 자신의 유전자의 절반을 공유하고 있고, 사촌은 8분의 1을 공유하고 있어서 자신이 죽더라도 2명의 동생 또는 8명의 사촌을 살릴 수 있다면 자신의 유전자를 남기는데 차이가 없다는 얘기입니다. 이처럼 해밀턴 이론은 '혈연선택'이나 '포괄 적합도(inclusive fitness)[6]'로 널리 알려지기 시작했습니다. 어떤 유전자에 의해 유발된 행위적합도를 평가할 때 동일유전자를 지니는 친족에 대한 행위효과를 포함하는 것이 중요합니다. 따라서 협동행

---

6) 고전적 적응도 이론에서는 한 유기체가 생식에 성공하여 자신의 유전자를 남길 가능성을 중시한다. 그렇지만 포괄적 적합도 이론에서는 자신을 포함하여 자신과 유전적으로 가까운 유기체의 유전자가 다음 세대로 전달될 가능성을 높이는 행동이나 효과가 종합적으로 고려된다. (유전자 공유도: 부모와 자식 간 0.5, 동일부모의 형제자매 0.5, 조부모와 손자 간 0.25, 삼촌과 조카 간 0.25, 사촌 간 0.125)

위의 '확장표현형(extended phenotype)[7]'은 이기적 유전자의 결과
(consequence)입니다. 이러한 협동행위를 살펴보기 위해 우리는
〈죄수의 딜레마 구조〉를 이용할 것입니다. 이는 협력과 배신의 행위
게임을 알아보는 데 유용한 도구이기 때문이죠.

죄수의 딜레마와 게임이론

죄수의 딜레마 구조를 이해하기 위해선 게임이론에 대한 설명이
필요합니다. 게임이론이란 사회적 딜레마의 구조를 이해하고 그 해
법을 찾기 위해 복잡한 상황을 단순화시켜 두 사람 간의 전략적 상호
작용을 분석하는 이론입니다. 여기서 전략적 상호작용이란 어떤 상
황의 결과가 자신뿐 아니라 상대방의 행동에 의해서도 영향을 받는
상황을 말합니다. 그리고 행위자는 자신의 이익을 최대화하고 손실
을 최소화하려는 합리적인 행동을 하는 존재로 가정합니다. 게임이
론은 행위자, 전략, 보수로 구성되는데, 경기자(행위자)는 게임에 임
하는 주체를 말합니다. 전략은 행위자가 취할 수 있는 가능한 모든
행동을 말합니다. 또 보수는 각 경기자(행위자)들이 선택한 전략의 결
과로 얻는 이득을 수치화한 것입니다. 이 표를 보수행렬이라 합니다.

협력자(C), 배신자(D) 두 경기자 간의 표준 보수행렬 중 경기자1의
보수를 나타내면, 〈표 1〉과 같습니다. 〈표 1〉에서 c는 협력자가 지불
하는 비용, b는 협력자의 지불로 상대방이 받는 혜택입니다. 단, b 〉

---

7) 어떤 유전자가 그것을 지닌 생물체는 물론 온 세상에 미치는 효과(표현형: 하나의 유전자의 몸으로 나타남).

c입니다. 쉽게 설명하면 경기자 1이 협력을 선택했는데 경기자 2도 협력을 선택했다면 경기자 1은 b−c의 보수를 얻습니다. 왜냐하면 경기자1은 협력함으로써 c라는 비용을 치러야 하고, 대신 경기자 2가 협력전략을 취함으로써 b라는 혜택을 받기 때문이죠. 만약 경기자 1이 협력했는데, 경기자 2가 배신전략을 사용한다면, 경기자 1은 받은 혜택은 없고, 비용만 지불했기 때문에 −c의 보수를 가지게 됩니다. 이번에는 경기자 1이 배신전략을 선택했는데 경기자 2가 협력을 선택했다면 경기자1은 지불한 비용은 없지만 경기자2로부터 혜택을 받았기 때문에 보수는 b가 됩니다. 또 경기자 1 배신전략에, 경기자 2 배신전략을 사용한다면, 경기자 1은 받은 혜택은 없고, 비용도 지불하지 않았기 때문에 0의 보수를 가지게 됩니다. 이해가 되죠?

〈표 1〉 죄수의 딜레마 구조

구분		경기자 2	
		협력(C)	배신(D)
경기자 1	협력(C)	b−c	−c
	배신(D)	b	0

이제 이 게임에서 혈연선택이 일어날 경우, 경기자 1의 보수는 〈표 2〉와 같은 보수행렬을 가집니다. 여기서 r은 경기자 간에 평균 근친도(유전자 공유도, 0 〈 r 〈 1)를 나타냅니다. 이해를 쉽게 하려고 경기자 1과 경기자 2를 형과 동생으로 바꾸어 생각해보죠.

〈표 2〉 혈연선택이 일어나는 경우

구분		경기자 2(동생)	
		협력(C)	배신(D)
경기자 1 (형)	협력(C)	(b−c)(1+r)	br−c
	배신(D)	b−rc	0

형은 동생을 도움으로써 c만큼의 비용을 부담하지만 형은 동생을 도움으로써 자신이 가지고 있는 유전자와 동일한(동생이 가지고 있는) 유전자를 공유함으로써 유전자공유도(근친도) 만큼 혜택을 가집니다. 다시 말해 자신(형)이 받는 보수 'b−c'에 근친도에 의해 추가되는 보수, 즉 자신(형)이 받는 보수 'b−c'에 r을 곱한 만큼의 보수 'r(b−c)'가 추가되죠.

혈연선택이 일어날 때 경기자 1(형)이 얻는 보수는 (b−c)+r(b−c)입니다. 이를 (b−c)로 묶으면 (b−c)(1+r)이 됩니다. 만약 형이 협력하는데 동생이 배신하면 형이 지불한 비용 −c에 동생의 유전자 속에 있는 자신(형)의 동일한 유전자가 받는 혜택 br이 추가됩니다. 여기에서 (b−c)r이 아니라 br인 이유는 동생이 가지고 있는 자신(형)의 동일 유전자이므로 비용이 생기지 않는 것입니다. 마찬가지로 동생이 협력하는데 형이 배신하여 얻는 보수는 b가 아니라 b−rc입니다. 자신(형)은 비용을 들이지 않았지만, 동생 안의 형 자신의 유전자가 비용을 들인 것이므로 적합도가 rc만큼 줄어든 것입니다.

정리하면, 경기자 2(동생)가 협력(C) 혹은 배신(D) 중 어느 것을 선택하는 것과 관계없이 경기자 1(형)이 협력(C)을 택할 조건은 두 가지 (b-c)(1+r) > b-rc 와 br-c > 0입니다. 이 중에서 최적대응 전략은 어떤 것일까요? 만약 혈연선택이 없었다면 경기자 1(형)은 상대방의 이타적인 전략에 대해 자신도 이타적인 행동을 함으로써 b-c를 얻고 무임승차를 함으로써 b를 얻기 때문에 무임승차가 최적 대응 전략이지만 근친도를 고려하면 상대방의 이타적 전략에 대해 자신도 이타적으로 행동함으로써 (b-c)(1+r)을 얻고, 무임승차를 하면 b-rc를 얻게 됩니다.

따라서 경기자 1이 협력전략을 선택하는 조건은 (b-c)(1+r)가 b-rc보다 클 때입니다. 이 경우 경기자1은 배신전략을 선택하는 것보다 협력전략을 선택하는 것이 더 큰 보수를 얻게 됩니다. (b-c)(1+r)이 b-rc보다 큰 경우를 다시 정리해보면, 바로 r > c/b가 됩니다. 이는 경기자 간에 동일한 유전자를 공유할 확률, 즉 근친도가 크다면 협동하는 이타적 전략이 최적대응이 될 수 있다는 얘기입니다. 협동이 일어난다는 말입니다.

협동의 5가지 메커니즘 ② 직접 상호성

『함무라비법전』은 '눈에는 눈, 이에는 이'로 유명합니다. 바로 상호성입니다. 상호성은 혈연선택이론을 보완합니다. 혈연선택이론은 친족들 간에 협력이 일어나는 이유를 설명하지만 비(非)친족 관계나 심지어 다른 종들의 구성원 간에 일어나는 협력을 하는 이유를 설명하기에 충분하지 않습니다. 친족이 다니어도 협력이 일어납니다.

예를 들어 '좋은 조건으로 제시하기에 당신 가게에서 물건을 구입합니다'라는 '단골' 개념으로 생각하면 이해가 쉽습니다. 단골과 거래 시에는 좋은 조건 제시(협력)와 상대방의 꾸준한 구매(협력)가 이루어집니다. 이를 진화생물학자 트리버스(Trivers)는 '직접 상호성'이라고 불렀습니다.

타인과의 협력관계가 유지되기 위해서, 다시 말해 직접 상호성이 작동되기 위해서 무엇이 필요할까요? 반복되는 게임이론을 활용해 보죠. 만약 두 개인 간에 경기가 반복된다고 가정하면, 경기자는 매 경기마다 협동과 배신 중 하나를 선택할 수 있습니다. 어떤 전략이 가장 좋은 전략일까요?

엑셀로드(Axelrod)는 두 컴퓨터 토너먼트에서 '팃포탯(tit-for-tat)'이라는 간명한 승리전략(winning strategy)을 발견했습니다. 이 전략은 항상 협동으로 시작하는데, 상대방이 이전 경기에서 어떠한 전략을 취했는가에 따라 대응하는 전략입니다. 다시 말해 협동에는 협동으로, 배신에는 배신으로. 이 단순한 개념이 반복적 죄수 딜레마의 열렬한 지지자 모두를 매료시켰습니다. 엑셀로드의 이 기념비적인 업적은 실증적이고 이론적인 연구에 많은 영감을 불어 넣어주었죠.

하지만 이 이론에 취약점이 드러났습니다. 떨리는 손(trembling hands) 혹은 불분명한 사고방식(fuzzy minds)으로 잘못된 행동이 일어난다면, 가령 마음은 협력전략인데 어떤 실수로 배신전략을 한 경우, 팃포탯의 이행은 줄어들 것입니다. 팃포탯은 어떤 우연한 배신에 길고 영속적인 보복을 끌어내기 때문에 실수를 정정할 수 없기 때문이죠. 그래서 팃포탯 전략은 곧대한 팃포탯(GTFT, generous-tit-for-tat)으로 대치되었습니다.

이 전략은 상대방이 협동하면 나도 협동하지만 때때로 상대방이 $1-(c/b)$ 확률로 배신하더라도 협동합니다. 이로써 자연선택은 용서를 촉진할 수 있습니다. 이후 팃포탯은 승유패변의 법칙(win-stay, lose-shift)으로 대치되었는데 이는 진행되는 게임에서 이전에 사용한 전략이 통했다면 다음에도 계속 사용하고, 통하지 않았다면 다른 전략으로 바꾸는 것을 말합니다.

승부 전략에 대한 다양한 측정결과 승유패변의 법칙이 팃포탯(TFT)이나 관대한 팃포탯(GTFT)보다 더 강력한 것으로 나타났습니다. 팃포탯은 배신자들이 대부분인 사회에서 협동을 끌어내는 기폭제 역할을 합니다. 한번 협동이 일어나면 승유패변의 법칙이 협동을 더 오래 유지시켜줄 수 있습니다. 이와 같은 반복적 죄수의 딜레마에 대한 전략은 수없이 많지만 단순한 일반적인 규칙으로 정리할 수 있습니다. 바로 동일한 두 개인 간 다시 만날 확률(w, 직접상호성)이 이타적 행동의 혜택대비 비용(c/b)보다 더 클 때 협동이 일어납니다.

직접상호성의 규칙이 어떻게 일어나는지 게임이론을 통해 살펴보겠습니다. 일회성 죄수의 딜레마 게임에서 협력자의 지불로 상대방이 받는 혜택은 2이고, 협력자가 지불하는 비용이 1이라면, 경기자 1은 〈그림 1〉좌측과 같은 보수를 얻을 수 있습니다. 이때 배신전략(D)이 2의 보수를 가지므로 우월전략입니다. 그런데 게임이 반복된다고 가정하면 두 경기자에게는 두 가지 전략, 즉 조건부 협조전략 혹은 끝까지 배신전략이 가능합니다. 이때 보수행렬은 〈그림 1〉우측과 같습니다. 여기에서 w는 게임이 반복될 확률을 나타냅니다. 어떻게 산출되었을까요?

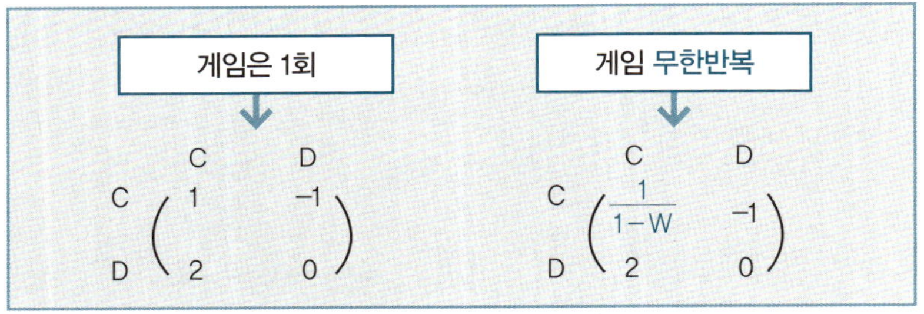

〈그림 1〉 게임이 1회에서 무한 반복된다면

경기자 1이 협력(C)할 때 상대방도 협력(C)하면 경기자 1의 보수는 등비수열의 극한값을 가지므로 (b−c)/(1−w)가 됩니다. 등비수열이란 첫째 항에서 차례로 공비(일정한 수)를 곱해서 그다음 항을 만들어 내는 수열로 무수히 반복될 때, 그 공식은 a/1−r입니다. 공비 r은 게임이 반복될 확률 w로 대치하면 됩니다. 가령 게임이 반복될 확률이 80%이라면, 게임이 2회에도 계속될 확률은 0.8, 3회에도 계속될 확률이 0.8×0.8⋯, 계산하면 경기자 1의 보수는 5가 됩니다. 만약 게임이 반복될 확률이 0.2라면, 계산하면 경기자 1의 보수는 1.25입니다.

〈그림 2〉 등비수열 예시

$$if)\ w= 0.8,\ 경기자\ 1\ 총\ 보수\ = 1+1\times0.8+1\times0.8^2+1\times0.8^3+\cdots\ = \frac{1}{1-0.8}=5$$

$$if)\ w= 0.2,\ 경기자\ 1\ 총\ 보수\ = 1+1\times0.2+1\times0.2^2+1\times0.2^3+\cdots\ = \frac{1}{1-0.2}=1.25$$

결과적으로 게임이 반복될 확률이 높을수록 협력전략을 할 확률이 높아진다는 것을 알 수 있습니다. 그리고 만약 경기자 1이 배신(D)하는데 경기자 2가 협력(C)하는 경우는 게임이 무한 반복된다고 해도 첫 회뿐입니다. 그 결과 경기자 1의 보수는 b입니다.

〈표 3〉 경기자 1이 배신(D)하는데 경기자 2가 협력(C)하는 경우

구분	1회	2회	3회	4회	···	n회	···
경기자 1(조건부 협력)	D	D	D	D	···	D	···
경기자 2(조건부 협력)	C	D	D	D	···	D	···

if) 경기자 2 "조건부 협력" 경기자 1 "배신", 경기자 1 총 보수 = 2+0+0+…= 2

구분		경기자 2	
		협력(C)	배신(D)
경기자 1	협력(C)	(b−c)/(1−w)	−c
	배신(D)	b	0

다시 정리해서 살펴보면 경기자 1이 협력전략을 취하는 조건은 (b−c)/(1−w) 〉 b 일 때인데, 이를 정리하면 w 〉 c/b가 됩니다. 결국 게임이 반복될 확률(다시 만날 확률)이 높아지면 배반전략에 대한 상대방의 보복이 따르기 때문에 결국 협력한다는 말이죠.

협동의 5가지 메커니즘 ③ 간접 상호성

세 번째는 간접 상호성입니다. 사람들 간의 상호작용은 종종 비대칭적(면대면face-to-face communication이 아닌 경우)이며, 일시적인 경우가 많습니다. 그래서 어떤 사람이 다른 사람을 돕지만 직접 상호성의 가능성이 없는 경우가 많습니다. 직접 상호성이 A가 B를 도와주고, B는 A를 도와주는 구조인 반면, 간접 상호성은 A가 B를 도와주고, 이를 본 C가 A를 도와주는 구조입니다.

<그림 3> 간접 상호성

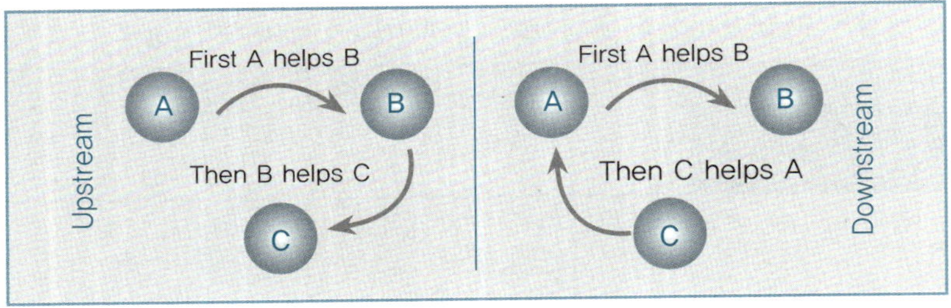

간접 상호성에서는 만남이 무작위로 이루어지기 때문에 두 개인이 다시 만나지 않습니다. 단지 어떤 사람은 협력(비용을 지불하고)하고, 다른 사람은 배신(혜택만 받음)할 뿐입니다. 협력하는 사람의 행위가 그 사회에 얼마나 알려지는가, 다시 말해 다른 사람의 평판(이 사람이 협력하는 사람인지, 배신하는 사람인지)을 알 수 있는 확률에 따라 그 사람과 상호관계를 맺는 사람이 그 사람과 협력할지 배신할지에 대한 결정을 하는데 영향을 주게 됩니다. 좋은 평판을 얻는다는 것은 타인으로부터 보상을 받을 가능성이 높다는 것을 의미합

니다. 우리는 보통 어떤 행동을 취할 때 그 행동 결과에 따른 평판을 고려합니다. 따라서 우리에게 직접적 영향을 미치는 사건에 대해 강하게 반응하지만 다른 사람들의 문제에 대해서도 깊은 관심을 보이는데 이는 주로 뒷말(gossip)로 나타납니다.

상호성이 동물 간에 단순한 형태로 나타나긴 하지만 복잡성을 띤 온전한 형태는 인간사회에서만 찾아볼 수 있습니다. 왜냐하면 간접 상호성은 상당한 인지적 수준(cognitive demands)을 요구하기 때문이죠. 우리는 우리 자신의 상호작용을 기억해야 할 뿐만 아니라 변화무쌍한 집단의 사회적 네트워크를 모니터링해야 합니다. 그래서 인간이 다른 동물과 구별되는 '언어'라는 특성이 중요하죠. 언어는 간접 상호성과 관련된 정보를 얻거나 뒷말을 퍼트리는 데 필요합니다. 짐작하건대 간접 상호성에 대한 선택과 언어는 인간지능의 진화에 결정적인 역할을 하였을 겁니다. 또한 간접 상호성은 도덕성과 사회규범의 진화를 끌어냅니다.

간접 상호성의 계산식은 복잡하고, 단지 이 분야의 작은 부분만이 드러나 있지만, 단 한 문장으로 표현하면 "간접 상호성은 다른 사람의 평판을 알 수 있는 확률이 이타적 행동의 혜택대비 비용보다 더 클 때 협력의 진화를 촉진할 수 있다"라고 말할 수 있습니다. 이 문장을 게임이론으로 설명할 수 있습니다.

$$C \begin{pmatrix} & C & D \\ b-c & -c \\ b & O \end{pmatrix} \xrightarrow{\text{평판}} C \begin{pmatrix} & C & D \\ b-c & -c(1-q) \\ b(1-q) & O \end{pmatrix}$$

생물학자 데이비드 헤이그는 "직접 상호성은 얼굴이 필요하고, 간접 상호성은 이름, 즉 명성이 필요하다"라는 말로 직접 상호성과 간접 상호성을 명료하게 구분하였습니다.

이 명료한 정의에서 보듯, 간접 상호성에서 핵심은 '평판'입니다.

〈그림 4〉 좌측에 나타난 보수행렬은 이미 앞서 본 바와 같이 일회성 죄수 딜레마 게임에서 경기자 1의 보수행렬입니다. 여기에 평판, 즉 간접 상호성이 개입되면 〈그림 4〉 우측과 같은 보수 행렬이 됩니다. 여기서 q는 다른 사람의 평판을 알 수 있는 확률, 더 정확하게 표현하면 상대의 전략이 알려지는 정도입니다. 만약 평판을 전혀 모른다면 q는 0이 됩니다. 그러면 일회성 게임과 동일한 보수가 나옵니다. 그런데 q가 1이 되는 경우, 즉 상대방이 배신자인지 협력자인지를 완전히 알기 때문에 상대방이 배신자라면 절대 협력은 일어날 수 없어서 보수는 0 됩니다. 협력자일 경우는 당연히 b-c가 되겠죠. 그래서 간접 상호성에서 기본적인 전략의 상호작용은 〈배신자〉와 〈상대방이 배신자라는 사실을 모르고 협력하는 협력자〉 간에 일어납니다. 이때 다른 사람의 평판을 알 수 있는 확률(q)이 그 사회에서 얼마나 되느냐에 따라 협력자는 다른 협력자에 대해서는 항상 협력하

지만, 배신자에 대해서는 (1-q) 확률을 가지고 협력할 것입니다. 따라서 두 경기자 간에 협력이 일어나는 조건은 b-c 〉 b(1-q)이고, 이를 정리하면 q 〉 c/b가 됩니다. 다시 말해 다른 사람의 평판을 잘 알 수 있는 투명한 사회일수록 협동이 잘 일어난다는 것을 의미입니다.

협동의 5가지 메커니즘 ④ 네트워크 상호성

네 번째는 네트워크 상호성입니다. 게임은 진행방식에 따라 동시 게임과 순차적 게임(=동학적 게임)으로 구분되는데, 동시 게임이란 예를 들어 '가위바위보' 게임처럼 경기자들이 동시에 행동을 취하는 게임이고, 반면 동학적 게임이란 한 경기자가 먼저 행동을 취하고 난 후, 다음 경기자가 행동을 취하게끔 진행되는 게임입니다. 예를 들면 바둑 경기 같은 거죠.

지금까지 살펴본 내용에서 이런 동학적 진화게임은 사회가 잘 섞여 있다는 가정에서, 다시 말해 협력하는 사람과 배신하는 사람이 골고루 섞여 있고, 서로를 구분하지 않고 관계를 형성하는 것으로 가정했습니다. 그러나 실제 사회에서 사람들은 공간구조나 사회적 네트워크에 따라 다른 이들보다 더 활발하게 상호작용을 하는 대상이 있다는 것을 여기저기에서 찾아볼 수가 있습니다. 즉 사람들 간의 상호관계를 보면 사회구성원은 잘 섞여 있지 않고 의견이나 생각을 같이하는 사람들끼리 함께 모이는 경향이 있다는 얘기죠.

『총, 균, 쇠』의 저자 미국 UCLA 지리학과 재러드 다이아몬드 교수는 배우자간의 상관성조사에서 배우자의 선택은 신체나 성격보다 정치적 견해에 따르는 경향이 있음을 지적했습니다. 우리가 친구를 사귈 때 키가 크다고 해서 키가 큰 사람을 친구로 삼기보다는 종교나 신념 등이 유사할 경우 친구가 될 확률이 높다는 얘기죠. 사람이 이타적인가, 이기적인가의 여부는 신체적특성 이라기보다는 문화적인 특성이라고 할 수 있습니다. 이러한 문화적 특성은 공간구조, 즉 지역적 혹은 사회적으로 유사한 특성을 가진 사람끼리 함께 어울리는 경향을 나타내는데, 이러한 경향을 '유유상종'이라 합니다.

만약 협력하는 사람과 배반하는 사람이 아주 골고루 섞여 있는 상황에서 그 둘이 만난다면 협력하는 사람이 항상 손해를 보게 됩니다. 자연선택(적자생존의 법칙)에 따르면 협력하는 이타적인 사람은 도태되거나 사라집니다. 하지만 협력하는 사람끼리 모여서 네트워크를 형성하면 서로 이득을 주게 되고, 그것을 바탕으로 배신하는 사람들을 이길 수 있습니다. 이것을 '네트워크 상호성'이라 합니다.

네트워크 상호성에서 개인들은 이웃과 상호작용하고 여기서 보수를 얻게 됩니다. 이웃 중 하나가 다른 이웃보다 훨씬 높은 보수를 지니고 있다면 이 전략이 모방될 확률이 높습니다. 이를 '전략수정의 원칙'이라고 합니다. 꼭 기억하세요. 그런데 이러한 과정은 무작위로 일어난다고 가정합니다. 사실 우리가 살아가면서 모든 사람과 동일한 확률로 상호작용, 즉 게임을 벌인다는 가정은 비현실적입니다. 우리의 상호작용이나 지식습득 과정은 (특히 문화적 특성의 경우)

'전역적'이라기보다는 '국지적'으로 일어날 가능성이 크죠. 해서 네트워크 상호성은 공간구조와 밀접한 관계가 있습니다. 지금부터 국지적 상호작용과 국지적 전략 습득을 통한 협동진화의 가능성을 다음의 예를 통해 살펴보도록 하겠습니다.

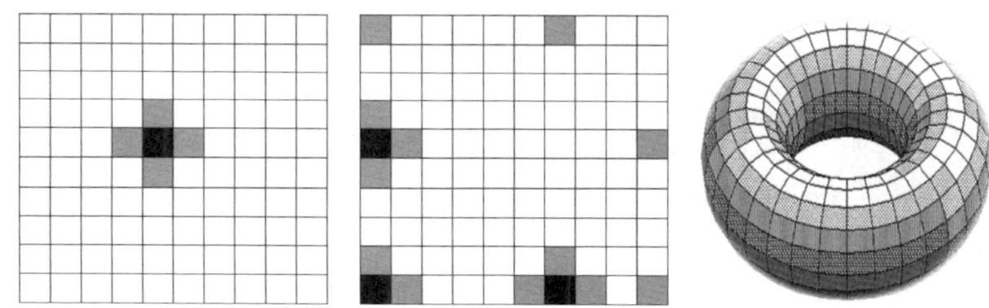

<그림 5> 폰노이만 이웃과 토러스

<그림 5>에 그려진 공간 구조는 10X10 격자판으로 이 작은 사각형 안에 각각의 개인이 사는 100명의 사회입니다. 개인의 이웃은 개인이 거주하는 지점의 상하좌우에 거주하는 4명의 개인(이를 폰 노이만 이웃[8]이라고 함)입니다. 그런데 바둑판 내부에는 사는 개인은 4명의 이웃을 가지지만 가장자리에는 3명, 그리고 네 모퉁이에는 두 명만의 이웃을 가집니다. 그래서 위와 아래 그리고 왼쪽과 오른쪽을 연결하면 도넛 모양을 띠게 되는데 이를 토러스(torus)라고 합니다. 이러한 토러스를 통하여 국지적 상호작용과 국지적 전략습득이

---

8) 폰 노이만 이웃(Von Neumann neighborhood)은 개인이 거주하는 지점의 상하좌우(혹은 동서남북)에 거주하는 4명의 개인을 이웃이라고 정의한다. 무어 이웃(Moore neighborhood)은 한 개인이 사는 지점의 상하좌우에다 좌상, 좌하, 우상, 우하를 추가하여 총 8명으로 이웃을 정의한다.

라는 조건에서 죄수의 딜레마 게임이 벌어지는 경우 협조적 행위가 진화할 수 있는지에 대한 연구가 있었습니다. 그중에 경북대 최정규 교수가 C++로 짠 컴퓨터 시뮬레이션 프로그램을 통해 얻은 결과를 살펴보도록 하겠습니다.

〈표 4〉 죄수의 딜레마 게임(b=3, c=1)

구분		경기자 2	
		C(협력)	D(배신)
경기자 1	C(협력)	2, 2	-1, 3
	D(배신)	3, -1	0, 0

4명의 이웃과 〈표 4〉와 같은 보수행렬을 갖는 죄수의 딜레마 게임(b=3, c=1)을 한다고 합시다. 4명의 이웃과 한 차례씩 게임을 해서 얻는 보수를 모두 합하면 그 순차에 그 개인이 가지는 총 보수가 됩니다. 예를 들어 협력자 A와 배신자 B가 각 4명의 이웃과 게임을 해서 얻는 보수는 〈표 5〉 및 〈표 6〉과 같이 협력자 A는 2, 배신자 B는 6의 총 보수를 각각 얻습니다. 이 보수 결과를 보고, 협력자 A는 전략을 수정해 다음 회차에는 배신전략을 사용할 것입니다. 그 이유는 개인들은 자신이 다음에 협력전략을 쓸 것인지 배신전략을 쓸 것인지를 결정하기 위해 이타적 협력전략을 쓴 이웃들이 얻은 평균보수와 이기적 배신전략을 쓴 이웃들이 얻은 평균보수를 비교할 수 있기 때문이죠. 이제는 유유상종한 협력자 무리와 배신자 무리에서의 각 개인이 이웃과의 게임에서 얻은 총 보수를 보면 〈표 7〉과 〈표 8〉과 같습니다. 이번에는 협력자 무리에 있는 甲은 8의 보수를 얻은 반면

배신자무리에 있는 乙은 0의 보수를 가집니다. 배신자 무리에 있는 乙 자신은 다음 회차 게임에서는 이타적 협력전략을 선택하게 됩니다. 왜냐하면 보는 바와 같이 이타적 협력전략을 쓴 이웃들이 이기적 배신전략을 쓴 이웃들보다 평균적으로 높은 보수를 얻었기 때문이죠.

〈표 5〉 협력자 A의 총 보수

	이웃 1(협력)	이웃 2(협력)	이웃 3(배신)	이웃 4(배신)	A 총 보수
A(협력)	2	2	−1	−1	2

〈표 6〉 배신자 B의 총 보수

	이웃 1(협력)	이웃 2(협력)	이웃 3(배신)	이웃 4(배신)	B 총 보수
B(배신)	3	3	0	0	6

〈표 7〉 협력자 무리에 있는 甲의 총 보수

	이웃 1(협력)	이웃 2(협력)	이웃 3(협력)	이웃 4(협력)	甲 총 보수
甲(협력)	2	2	2	2	8

〈표 8〉 배신자 무리에 있는 乙의 총 보수

	이웃 1(배신)	이웃 2(배신)	이웃 3(배신)	이웃 4(배신)	乙 총 보수
乙(배신)	0	0	0	0	0

이런 방식으로 진행되는 공간 구조를 갖는 죄수 딜레마의 게임 결과를 최초에서 13회까지 살펴보면 〈그림 6〉과 같습니다.

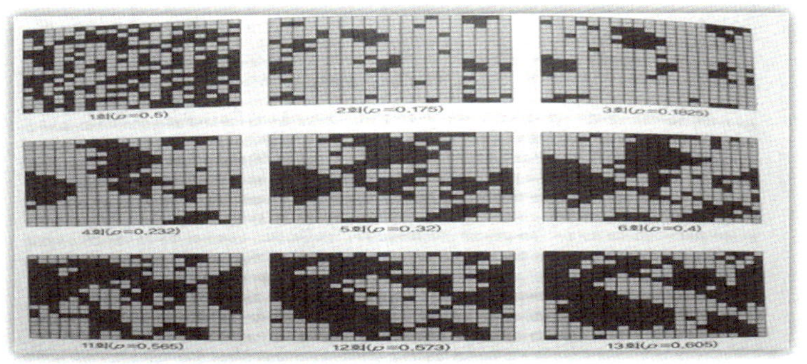

그림의 짙은 회색은 이타적인 사람, 옅은 회색은 이기적인 사람입니다. 처음에는 각각 50%의 비율입니다. 1회 차를 보면 각각 사람들이 잘 섞여져 있습니다. 이때에는 이타적 전략이 퍼져나갈 수 없습니다. 왜냐하면 이타적인 사람들은 이기적 이웃에게 항상 당하기 때문이죠. 그래서 상당수의 이타적 사람들은 이기적 전략을 습득하여 사용하게 되고 그 결과 2회차에서 보듯이 짙은 회색은 급격히 줄어들었습니다.

그런데 숫자는 줄었지만, 여전히 이타적 전략을 사용하는 사람이 있습니다. 그 이유는 운 좋게 주변에 이타적 사람이 많은 곳에서 산 탓입니다. 유유상종이 일어난 겁니다. 앞서 〈표 7〉과 〈표 8〉에서 본 바와 같이 이타적 전략을 사용하는 무리에 있는 사람의 보수 총량은 이기적 전략을 사용하는 무리에 있는 사람보다 큽니다. 그리고 이타적 사람들의 무리 주위를 둘러싸고 있는 이기적 사람들이 이타적 사람들의 전략을 배우게 됩니다. 앞서 말씀드린 전략수정의 원칙이 일어나는 거죠.

96

그래서 점점 짙은 회색이 퍼져나가는 것을 확인할 수 있습니다.

　하지만 짙은 회색이 집단 전체를 장악하게 될 가능성은 아주 희박합니다. 그 이유는 이타적 사람 사이에 이기적 전략을 사용함으로써 더 큰 보수를 얻을 수 있는 이기적인 사람들이 다시 나타나기 시작하기 때문입니다. 이 실험연구결과를 보면 사회에 대략 이타적인 사람들의 60% 차지하면 이기적 이타적 공존현상이 오랫동안 지속되는 것을 알 수 있었습니다. 집단 전체 모두가 협력자로 전환되기 위해서는 협력이 잘되는 시기라 할지라도 일정 시점에 발생하는 배신 무임승차의 발생이 일어난다는 점을 염두 해 두어야 합니다. 이러한 조절은 규범 등 사회제도입니다. 사회조직에서도 올바르고 공정한 상벌에 대한 제도가 필요하다는 것을 보여줍니다. 이러한 네트워크 상호성에서 협력게임을 정리해보면, 다음과 같은 보수행렬을 얻을 수 있습니다.

<표 9> 네트워크 상호성 게임

구분		경기자 2	
		C(협력)	D(배신)
경기자 1	C(협력)	b − c	H − c
	D(배신)	b − H	o

※협력자는 이웃에게 b만큼의 이익을 주기 위해 C만큼의 비용을 지불, 배신자는 비용을 지불하지 않고 이웃에게 이익도 주지 않는다.

$H = [(b-c)k - 2c] / (k+1)(k-2)$, K:개인이 맺고 있는 이웃의 평균 수(도수)

∵ 경기자 1이 협력(C)을 택할 조건
$(b-c) > (b-H)$ 정리하면, $\therefore \dfrac{b}{c} > k$

이는 개인들은 이웃과 상호작용하고, 보수를 얻게 된 경기자 1의 보수행렬입니다. 앞서 말씀드린 바와 경기자 1은 이웃 중 하나가 자신보다 훨씬 높은 보수를 지니고 있다면 그 전략을 모방하게 될 확률이 높습니다. 이처럼 개인이 자신의 전략을 어떻게 바꿀 것인지를 결정하는 규칙을 '갱신규칙'이라 하는데 이러한 갱신규칙을 이용하여 수학적으로 협력자와 배신자의 진화를 탐구할 수 있습니다. 협력자는 이웃에게 b만큼의 이익을 주기 위해 c만큼의 비용을 지불하고, 반면 배신자는 비용을 지불하지도 않고 이웃에게 이익을 주지도 않습니다. 시간에 따른 진화과정에서 흥미로운 사실이 발견되었습니다. 그것은 바로 편익−비용 비율, 즉 b/c를 변화시켜 나가는 과정에서 협력자의 비율이 점점 높아지는 현상을 발견하게 되었다는 점입니다.

쉽게 얘기하면 협력자와 배신자의 숫자가 일치하는 시점(임계점)에서 편익−비용 비율이 존재하는데, 이 임계치가 어떻게 변하는지에 따라 협력자와 배신자의 비율에 변화가 일어났다는 겁니다. 임계치 비율이 낮으면 배신자가 승리하고, 만일 높다면 협력자가 승자로 부상했다는 말입니다. 더 쉽게 풀이하면 협력자의 유유상종, 즉 협력자들이 이웃으로 붙어있는 경우가 많은 경우(임계치가 높은 경우) 협력자가 승자로 부상한다는 말입니다.

그리고 협력과 네트워크 구조 사이에는 단순한 규칙이 있다는 사실을 알게 되었습니다. 한 개체가 가지는 이웃의 평균 숫자를 도수

(degree), 'k'라고 합니다. 앞서 본 예에서는 이웃의 수가 4명이므로 도수 k는 4가 되겠습니다. 여기서 이야기하는 단순한 규칙이란 '편익-비용 비율이 그래프의 도수보다 크면, 즉 b/c > k이면 협력자가 배신자의 숫자보다 많아진다.'라는 법칙입니다. 즉, b/c > k인 경우 이타적 행동이 일어난다는 말인데, k가 작아야 한다는 이야기입니다. 이는 내가 만나는 사람이 적을수록 협력이 일어난다는 사실은 주변 사람이 많을수록 다양한 사람을 만나게 될 확률이 높아 유유상종의 기회가 줄어든다는 개념으로 받아들이면 이해하기가 쉽습니다.

결론적으로 네트워크 상호성 게임에서 경기자 1이 경기자 2가 협력하던, 배신하던 상관없이 협력할 조건은 b-c > b-H이고(여기서 H는 네트워크를 형성하는 즉, 유유상종이 일어나는 공간구조), 이를 정리하면 b/c > k입니다. 다시 말해 앞서 말한 바와 같이 개인이 맺고 있는 이웃이 적을수록 협력이 잘 일어나고, 주변 이웃의 수가 늘어날수록 협력은 줄어든다는 말입니다.

협동의 5가지 메커니즘 ⑤ 집단 선택

2003년 10월 14일 지하철 2호선 신당역. 무슨 일이 일어났을까요? 지하철 승강장과 전동차 사이에 낀 남자를 승객들이 합심해 전동차를 몸으로 밀어내고 구출했습니다. 위험에 빠진 누군가를 본다면 우리는 걱정하게 되고 즉시 도움을 베풀고자 합니다. 이러한 본능은 한 사람이 자신의 친구를 구하기 위해 목숨을 걸 만큼 강한 힘을 발휘할 수도 있습니다. 비록 우리 모두가 이렇게 행동하지 않을

지라도, 우리에게는 이러한 본능이 있습니다. 이처럼 집단에 대한 공감이 개체가 지닌 이기심을 압도하고 보다 큰 선을 위해 행동할 수 있도록 어떻게든 개체를 끌어냅니다.

협동의 다섯 번째 메커니즘은 집단선택입니다. 집단선택이란 어떤 집단이 어떤 특성을 갖는가, 혹은 어떤 특성을 가진 사람을 얼마나 많이 보유하고 있는가에 따라 집단들의 생존 가능성이 달라지고, 그로 인해 그 속성이 전체로 퍼져나가게 될지 아니면 사라질지가 결정되는 일련의 과정을 말합니다. 간단히 얘기하면 ME에서 WE로 진화되는 과정이라 할 수 있습니다. ME 속에는 WE가 내재되어 있습니다.

집단선택은 유전자나 개체가 이기적인지, 이타적인지 묻지 않습니다. 집단선택에서는 집단내부에서 진행되는 선택 과정과 집단 간에 진행되는 집단선택 과정이 서로 다른 방향으로 일어날 수 있다는 점이 흥미롭습니다. 누차 설명해 드린 바와 같이 개인선택과정에서는 이타적 성향(협조전략)은 이기적 성향(배신전략)에 의해 사라집니다. 그런데 집단 간에는 앞서 본 유유상종의 법칙에 따라 협력하는 집단이 더 큰 보수를 얻습니다, 바꿔 말해 이기적 집단을 이겨낸다는 말입니다.

여기에서 노박 교수는 이러한 집단선택에 대한 수학적 함의로 간명한 법칙을 도출했습니다. 그것은 바로 편익-비용의 비율이 1+(한 집단의 크기/전체 집단 크기)보다 크면 된다는 조건을 충족하면, 집단선택은 협력의 진화를 낳는다고 설명합니다. 이 법칙의 의미는 많은 소규모 집단들이 존재하면 집단 선택이 잘 작동되고 일부 육중한 거대 집단들이 존재하면 집단 선택이 그리 잘 작동되지 않는다는 말입니다. 그 과정을 게임이론을 통해 살펴보겠습니다. 집단 내 경기자 1의 보수행렬은 〈표 10〉과 같습니다.

〈표 10〉 집단선택

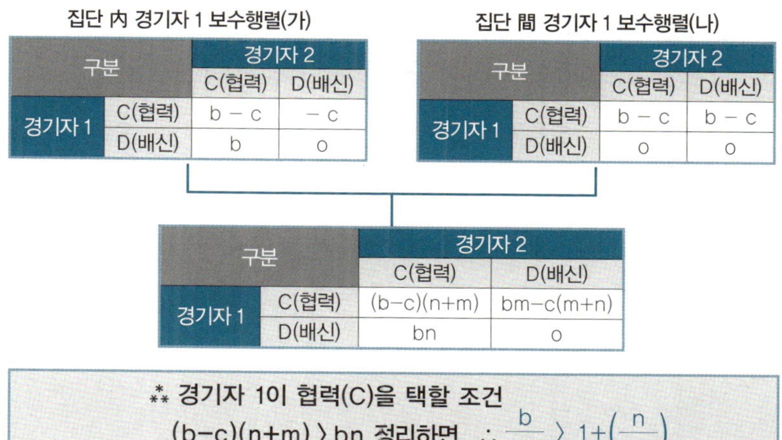

집단 內 경기자 1 보수행렬(가)

구분		경기자 2	
		C(협력)	D(배신)
경기자 1	C(협력)	b − c	− c
	D(배신)	b	0

집단 間 경기자 1 보수행렬(나)

구분		경기자 2	
		C(협력)	D(배신)
경기자 1	C(협력)	b − c	b − c
	D(배신)	0	0

구분		경기자 2	
		C(협력)	D(배신)
경기자 1	C(협력)	$(b-c)(n+m)$	$bm-c(m+n)$
	D(배신)	bn	0

※ n: 한 집단의 최대크기 수, m: 집단의 수

일회성 죄수 딜레마게임과 같은 형태입니다. 협력자들은 그 자신이 속한 집단의 다른 협력자들을 돕습니다. 배신자들은 돕지 않고 무임승차합니다. 그리고 개인들은 보수에 따라 번식한다고 생각해 보죠. 즉, 보수에 따라 자식 수를 가집니다. 그 자식들은 부모가 속한 집단에 속하게 됩니다. 자식이 많아지는 집단이 더 진화된 집단입니다.

〈표 10〉에서 집단 간 경기자 1의 보수행렬은 〈표10〉(나)와 같습니다. 그 이유는 집단 간에는 동학적 상호작용이 없는 게임, 즉 게임이 〈가위바위보〉 게임처럼 동시에 일어납니다. 따라서 그 집단 내에 속한 개인들의 평균 적합도에 따른 보수를 가집니다. 그러므로 협력자 집단은 상대방의 전략(협력, 배신전략)에 관계없이 항상 b-c의 보수를 가지고, 배신자집단의 보수는 항상 0입니다. 이해가 잘되지 않으면 앞서 살펴본 〈표 7〉 협력자 무리 甲의 총보수와 〈표 8〉 배신자 무리 乙의 총보수를 다시 상기해 보시면 이해가 쉽습니다.

이제 첫 번째 행렬(가)에 집단크기 n을 곱하고, 두 번째 행렬(나)에 집단의 수 m을 곱한 후 - 예를 들어 상호 협력하는 경우를 보면 $(b-c)n + (b-c)m$이 됩니다. $(b-c)$로 묶으면 $(b-c)(n+m)$이 됩니다 - 두 행렬을 더 하면 집단선택에 따른 보수행렬을 얻을 수 있습니다.

집단선택에서 협력이 일어나는 조건은 $(b-c)(n+m) > bn$이고, 이를 정리하면 $b/c > 1+(n/m)$입니다. 다시 말해 한 집단 내에서 사람의 수가 적을수록(네트워크 상호성이 일어날 가능성이 크다) 그리고 집단의 수가 많을수록 협력이 잘 일어난다는 얘기죠.

집단 내에 사람 수가 적을수록 협력이 잘 일어난다는 의미는 단순히 인원이 작아야 한다는 차원을 넘어 그 집단 내, 즉 그 조직에서 정보와 지식 및 구성원 간의 소통이 얼마나 잘 이루어지는가의 또 다른 표현이라고 할 수 있습니다. 그리고 집단수가 많을수록 협력이 잘 일어난다는 말은 조직의 정체성을 강조하는 말입니다. 소속감이 없는 사람들보다 조직에 대한 소속감, 즉 정체성이 뚜렷한 사람들에게서 협력이 더 잘 일어난다는 얘기입니다.

협동의 5가지 메커니즘 요약정리

지금까지 인간의 협동조건 혈연선택, 직접 상호성, 간접 상호성, 네트워크 상호성, 집단 선택을 살펴보았습니다. 근친도가 높을수록, 어떤 사람을 많이 접할수록, 타인의 정보를 더 많이 알수록, 만나는 사람이 적을수록, 집단의 구성원이 적고 집단의 수가 많을수록(소통의 기회가 많고, 정체성을 가질수록) 협동의 가능성이 커졌습니다.

〈그림 7〉 협동진화의 5가지 법칙 요약

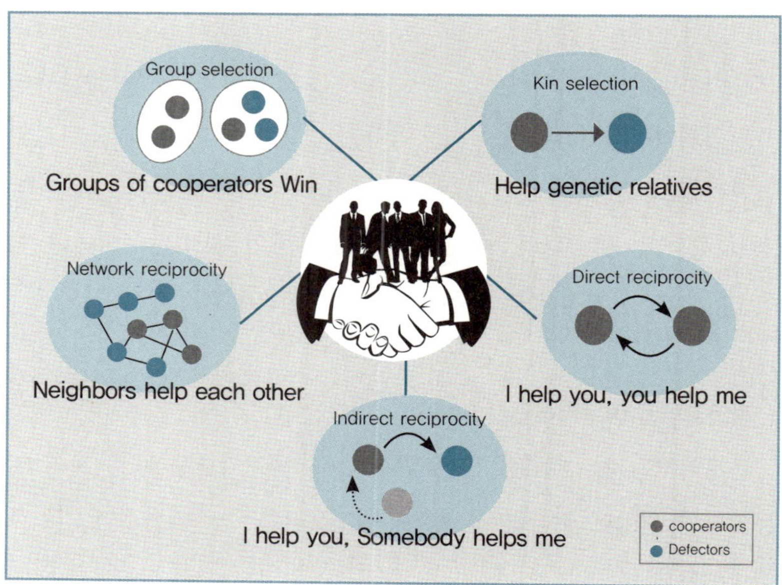

　노박의 『협동진화의 5가지 원칙』으로부터 다음과 같은 시사점을 알 수 있었습니다. 혈연선택에서는 우리 사회의 근원이 혈연공동체에서 출발했다는 점, 직접 상호성에서는 지역사회중심의 지역주민 상호 간 호혜성을 기반으로 한다는 점, 간접 상호성에서는 사회구성원의 평판이 사회후원세력을 조성한다는 점 그리고 네트워크 상호성에서 협력하는 사람끼리 모여서 네트워크를 형성하면 서로 이득을 주게 되고, 그것을 바탕으로 배신하는 사람들을 이겨낼 수 있다는 점에서 협동조합은 여느 조직보다 더 협동의 진화가 일어날 여지가 많다는 사실을 알 수 있었습니다.

　마지막으로 구성원 간의 소통과 뚜렷한 정체성을 강조하는 집단선택의 관점에서는 어떠할까요? 집단선택의 관점에서 보면, 협동조합이라는 조직이 어떤 특성이 있고 또 그 특성을 지닌 구성원을 얼마나 보유하고 있는가에 따라 협동조합의 생존진화 여부가 판가름난다는 사실입니다. 여기 나오는 '특성'이라는 단어는 과거 수많은 위기의 파고를 이겨낼 수 있었던 '협동조합의 정의, 가치 및 원칙'이라는 말로 교체할 수 있습니다. 다시 말해 협동조합의 구성원이 얼마나 협동조합 정신을 가슴에 담고 실천하느냐가 중요하겠죠.

지면강의를 마무리하면서

　큰가시고기라는 물고기가 있습니다. 이 물고기들은 떼를 지어 이동하다가 전방에 커다란 물체가 나타나면 일단 무리 전체가 이동을 멈춥니다. 그리고는 이 물체가 자기들을 잡아먹을 포식자인지 아닌지 확인하기 위해서 무리 중에 한두 마리가 앞으로 나선다고 합니다. 그 물체가 포식자라면 정탐에 나선 물고기는 잡아먹힐 위험이 있지만, 무리 전체의 안전을 위해서 이타적으로 행동하는 것이죠. 그런데, 정찰대 물고기가 보이는 이타성이 과연 순수한 희생정신에 기반을 둔 것인지 궁금해집니다. 큰가시고기의 생태에 흥미를 느낀 독일의 생물학자 M. 밀린스키는 한 가지 실험을 수행했습니다.

〈그림 8〉 M. 밀린스키와 큰가시고기

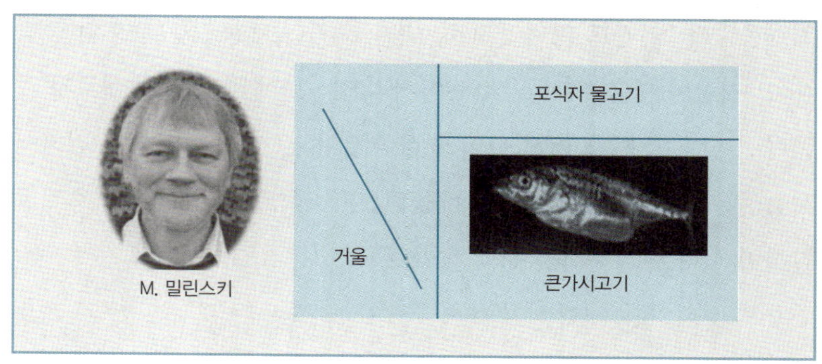

〈그림 8〉과 같은 유리로 된 기다란 수조에 한 마리의 큰가시고기를 넣었습니다. 그런 다음 유리 벽 너머에 덩치가 큰 물고기(포식자 역할을 하는)를 한 마리를 집어넣었죠. 그리고 수조 옆에 거울을 나란히 설치했는데, 포식자 물고기 쪽으로 기울여 놓았습니다. 거울을 비스듬히 설치하니까 거울을 평행하게 설치할 때와는 달리 큰가시고기는 앞으로 나아가길 주저했다고 합니다.

왜 그럴까요? 큰가시고기는 거울에 비친 자신의 모습을 동료 물고기로 착각합니다. 그래서 거울을 평행하게 놓으면 포식자 물고기를 향해 동료와 함께 다가간다고 생각하죠.

　하지만 거울을 비스듬하게 설치하면 동료(실은 거울에 비친 자기 모습)가 자신보다 한발 뒤에서 따라온다고 여깁니다. 큰가시고기는 자기가 한번 앞서 나가면 다음에는 동료가 앞서 나가길 기대합니다. 한데 자신만 계속 앞장을 서고 있으니 억울하고 불안합니다. 그래서 포식자 물고기에게 접근하기를 주저하고 맙니다. 이 이야기에서 "내가 이번에 용기를 보여줬으니 다음에는 네 차례다"라는 '상호성'을 일깨웁니다. 인간도 마찬가지죠. 내가 호의를 베풀었는데 호의를 받은 그 사람이 다음에 입을 싹 씻어버리거나 나에게 호의를 베풀지 않는다면 상호 호혜가 깨져 사이가 나빠집니다. 이를 방지하기 위해서 사람들은 누가 나에게 호의를 베풀었는지 기억했다가 나중에 호의로 갚아야 한다는 암묵적인 원칙을 따르죠.

　사회조직에서 큰가시고기의 행동 양상으로부터 얻을 수 있는 교훈은 무엇일까요? 꼭 해야 하지만 나서기를 주저하는 일들이 있습니다. 일례로 조직경영이 어려워져서 인력을 감축해야 하거나, 조직에 큰 사건이 생겨 누군가 책임을 져야 하는 일이 발생했을 때, 혹은 새로운 사업이나 임무가 주어졌을 때, '고통 분담 기꺼이 하겠다', '내 책임이다', '내가 하겠다'고 나서지 않은 채 서로의 눈치를 보거나 누군가에게 책임을 미루고 무임승차합니다. 사실 잘해서 얻는 이득이 적거나, 못했을 때 당하게 될 피해가 크다면(큰가시고기의 경우엔 목숨을 내놓아야 하는) 선뜻 나서기가 쉽지 않습니다.

　사회조직에서 무엇인가 새로운 시도와 변화를 필요할 때 누군가가 큰가시고기의 사례처럼 앞으로 나아가지 못하고 주저하다가 타이밍을 놓친다면 그 사회조직의 앞날은 어두울 겁니다.

　어쩌면 경영자는 직원들이 나서주길 원하고 직원들은 경영자가 선봉에 서주길 원하는 조직이 가끔 눈에 보이는데, 그런 기업은 포식자(경쟁자 등)가 다가와 잡아먹을 대까지 꼼짝없이 기다리는 것과 같죠. 다행히 누군가 앞장설 때에도 앞장선 사람이 실패하고 돌아오면 그를 희생양으로 삼는 경향이 있습니다. 격려는 못 해줄 망정 가차 없이 비난을 쏘아대죠. 변화는 다 같이 가는 것입니다. 누군가가 외로이 앞장선다고 가능하지 않습니다. 변화에 대한 막연한 공포 때문에 앞으로 나아가지 못할 때 모두 다 동참하는 '상호성의 힘'이 발휘돼야 함을 큰 가시고기의 사례가 일깨웁니다. 누군가가 한발 앞서나가면 다음에는 다른 사람이 앞장서야 변화의 추동력이 강력해지고 오래갑니다.

아프리카 다호미의 민담

- 윌리엄 파운드스톤(2004), 『죄수의 딜레마』, 양문, p. 7.

얼마를 드리겠습니까?

- 최정규(2013), 『이타적 인간의 출현』, 뿌리와 이파리, pp. 257~264.
- 정태인外(2013), 『협동의 경제학』, 레디앙, pp. 37~38.
- 리처드 H.세일러(2007), 『승자의 저주』, 이음, pp. 53~78.
- 도모리 노리오(2006), 『행동경제학』, 지형, pp. 58~59, pp. 263~264.

인간은 이타적인가 아니면 이기적인가?

- 도모리 노리오(2006), 『행동경제학』, 지형, p. 246.
- 리처드 도킨스(2006), 『이기적 유전자』, 을류문화사, pp. 44~46.

무임승차와 진화론적 접근방식

- 찰스 다윈(2013), 『종의 기원』, 동서문화사, pp.722~725.

다윈의 적자생존

- 찰스 다윈(2013), 『종의 기원』, 동서문화사, pp.138~139.

생명의 나무

- 최현석(2008), 『만화 찰스 다윈 종의 기원(서울대 선정 인문고전 50선❽)』, 주니어김영사, pp. 136~137.
- 구스타프 클림트의 〈생명의 나무〉

왜 다윈이 중요한가?

- 마이클 셔머(2008), 『다윈이 왜 중요한가?』, 바다출판사, pp. 71~72.
- 김수영, 「적자생존에서 상생으로 진화하기 : 노박의 진화생물학으로 대구 반야월 마을공동체 바라보기」, 자활 읽기 제11호 (2013년 하반기) pp. 47~54
- 마이클 토마셀로(2011), 『이기적 원숭이와 이타적 인간 :인간은 왜 협력하는가?』, 이음, p 181.
- 피터 왓슨(2009), 『생각의 역사 Ⅱ』, 들녘, p. 73, p. 183, pp. 380~384.

협동 진화의 5가지 법칙 ① 혈연선택

- 손용석(2015), "노박의 협력진화의 5가지 법칙 탐구" 협동조합 네트워크 제68호. 한국협동조합연구소. pp. 125~147.
- Martin A. Nowak(2006), "Five Rules for the Evolution of Cooperation", SCIENCE, VOL 314, pp. 1560~1563.
- 윤영관 外(2013), 『사회과학 명저의 재발견』, pp. 159~165.
- 마틴 노박 外(2012), 『초협력자』, 사이언스북스, pp. 163~187.

협동 진화의 5가지 법칙 ② 직접 상호성

- 도모리 노리오(2006), 『행동경제학』, 지형, p. 246.

  상호성에는 '정수의 상호성'과 '음수의 상호성'으로 구분된다. '정수의 상호성'은 다른 사람이 협력하기 때문에 나도 협력 한다는 '조건부 협력'을 말하고, '음수의 상호성'은 비협력적이면 처벌하겠다는 태도를 말한다. 우리가 일반적으로 사용하는 '호혜성'은 정수의 상호성만을 의미하고, 보복이라든지 '눈에는 눈 이에는 이'는 음수의 상호성 부분만을 가리키는 단어이다.

- 최정규(2013), 『이타적 인간의 출현』, 뿌리와 이파리, pp. 114~121.

■ 마틴 노박 外(2012), 『초협력자』, 사이언스북스, pp. 53~96.

협동 진화의 5가지 법칙 ③ 간접 상호성

■ 마틴 노박 外(2012) ,『초협력자』, 사이언스북스, pp. 97~122.

■ 정태인 外(2013), 『협동의 경제학』, 레디앙, pp. 111~113.

■ Evolution of indirect reciprocity, Martin A. Nowak & Karl Sigmund Nature 437, 1291–1298(27 October 2005) doi:10.1038/nature04131

협동 진화의 5가지 법칙 ④ 네트워크 상호성

■ 마틴 노박 外(2012), 『초협력자』, 사이언스북스, pp. 123~162, pp. 392~395.

■ 정태인 外(2013), 『협동의 경제학』, 레디앙, pp. 113~114.

■ 최정규(2013), 『게임이론과 진화 다이내믹스』, 이음, p.22.

■ 최정규(2013), 『이타적 인간의 출현』, 뿌리와 이파리, pp. 164~175, pp. 241~254.

협동진화의 5가지 법칙 ⑤ 집단 선택

■ 마틴 노박 外(2012), 『초협력자』, 사이언스북스, pp. 141~162.

■ 정태인 外(2013), 『협동의 경제학』, 레디앙, pp. 114~117.

■ 최정규(2013), 『이타적 인간의 출현』, 뿌리와 이파리, pp. 201~213.

■ BJ 갤러거 外(2004), 『결정적인 순간에 절묘하게 사라지는 '그들' 도대체 누구야』. pp. 46~50.

■ 김창진(2014), 『협동과 연대의 인문학』, 가을의 아침, pp. 65~69.

■ supporting material on Science Online. www.sciencemag.org/cgi/content/full/314/5805/1560/DC1

지면강의를 정리하면서

- 최정규(2013), 『이타적 인간의 출현』, 뿌리와 이파리, p. 69.
- M. 밀린스키, 'TIT FOR TAT in sticklebacks and the evolution of cooperation', Nature 325, 433–435 (29 January 1987).
- 유정식(2013), 『착각하는 CEO』, 알에이치코리아, pp. 97~99.

제3장
협동 진화의 5가지 법칙 탐구[9]

1. 들어가며

협동은 조직이 새로운 레벨로 진화하는 데 필요하다. 유전자, 세포, 다세포 생물, 사회성 곤충 그리고 인간사회는 모두 협동을 기반으로 하고 있다. 협동이란 이기적 복제자들(selfish replicators)이 서로 돕기 위해 그들 자신의 번식 가능성(reproductive potential)을 포기하는 것을 의미한다. 하지만 자연선택(natural selection)[10]

---

9) M.A. Nowak(2006), "Five Rules for the Evolution of Cooperation", SCIENCE, vol 314, 1560–1563.

10) 자연선택(natural selection)이란 당시 환경에 가장 적합한 특성이 그 환경에서 살아남는다는 것이다. 즉 시간이 지남에 따라 덜 적합한 특성은 점점 사라져가고, 그래서 결과적으로 전체집단에는 환경에 적합한 특성을 지닌 개체들이 다수를 차지하게 된다는 것이다.

은 경쟁을 함축하고 있기에 특정한 메커니즘이 작동하지 않는다면 협동은 일어나지 않는다. 협동 진화에 관한 5가지 메커니즘, 즉 혈연선택, 직접 상호성, 간접 상호성, 네트워크 상호성 그리고 집단선택에 대해 논할 것이다.

진화는 개인 간의 격렬한 경쟁을 기반으로 하기에 이기적인 행동으로 대응한다. 유전자, 세포를 포함한 모든 유기체는 자신이 진화적으로 성공하기 위해서 기꺼이 경쟁자들의 희생을 요구하도록 디자인되어있다. 그런데도 수많은 생물학적 조직체에서 협동이 이루어지는 것을 볼 수 있다. 유전자들은 게놈(genome)에서 협력한다. 세포들은 다세포생물 속에서 협력한다. 동물들 간 협동사례는 수없이 많다. 수렵채취시대로부터 근대국가에 이르기까지 협동은 인간사회의 결정적인 구성 원리였다는 점에서 인간은 협동의 챔피언이다. 어쩌면 지구의 모든 생명체는 협력(cooperation)과 배신(defection)이라는 동일 복합게임들 속에서 활동하고 있다. 자연선택이라는 환경 속에서 어떻게 협력행위가 일어나는지에 대한 의문은 수십 년 동안 진화생물학자의 매력적인 관심사가 되어왔다.

협력자(cooperator)는 다른 개인이 혜택 b를 받게 하려고 c라는 비용을 지불하는 사람이다. 배신자(defector)는 어떠한 비용도 지불하지 않으면서 혜택도 결코 나눠 가지지 않는다. 비용과 혜택은 적합도(fitness)로 측정할 수 있다. 번식(reproduction)은 유전적 혹은 문화적으로도 일어날 수 있다. 개체군이 뒤섞인 집단(mixed population 혼합집단) 속에서는 배신자들이 협력자보다 더 높은 평균 적합도를 가진다(그림1).

　그러므로 선택행위는 상대적으로 배신자의 수를 증가시킨다. 시간이 지나면서 협력자들은 그 개체군에서 사라진다. 그런데도 협력자만이 있는 개체군이 가장 높은 평균 적합도를 가지지만 배신자들만이 모여 있는 개체군은 가장 낮은 적합도를 나타낸다는 점은 눈여겨볼만하다.[11] 그러므로 자연선택이 지속할수록 개체군의 평균 적합도[12]는 감소한다. 평균 적합도는 상수선택(constant selection)[13] 하에서 증가한다는 피셔의 기본정리(Fisher's fundamental theorem)[14]는 선택이 빈도 의존적인(frequency-dependent)[15] 까닭에 여기에서는 적용되지 아니한다.

　다시 말해 개인 적합도는 그 개체군에서 협력자의 빈도(=상대

---

11) 협력자들로만 구성된 사회의 평균 적합도가 배신자로만 구성된 사회의 평균 적합도보다 높기 때문이다. 자연선택은 전체 집단에 가장 좋은 상태를 파괴한다. 자연선택은 보다 큰 이익을 손상한다. 따라서 협력을 이롭게 하기 위해서는 자연선택에 협력의 진화를 위한 메커니즘이라는 형태의 도움이 필요하다.

12) 개인 적합도가 특정 개인이 갖는 자식의 수라면, 평균 적합도는 일 인당 평균 자식의 수를 의미한다.

13) 상수선택이란 개체가 집단상태에서 지니는 적합도가 그 유형에 따라서 상수로 주어져 있다고 가정하는 것을 말한다.

14) 집단 적합도의 수리적 분석을 기초로 해서 정리해 세운 명제로서, 생물은 모든 순간에 그 적합도의 증가가 그때의 유전적 분산과 같다는 것. 자연선택이 작용하고 있는 생물집단에 있어서 평균 적합도의 증가율은 그 집단 적합도의 유전적 분산과 같다고 하는 이론적 관계. 여기서 평균 적합도란 맬서스 계수로 나타낸 적합도 α의 전 유전자형에 대한 가중평균 $\bar{\alpha}$이고, 또한 적합도의 유전적 분산 V는 개개의 유전자형이 나타내는 표현형 효과에 대해 어떤 종을 표준화하여 계산되는 양이다. 이때, 상기의 관계는 $d\bar{\alpha}/dt = V$로서 나타낼 수 있다. 이 정리에 따르면 집단 속에 유전적 변이가 존재하는 한 평균 적합도는 증가를 계속한다. 그러나 현실에서는 자연선택 때문에 유전분산이 감소하기 때문에 평균 적합도의 증가율도 차차로 감소할 것으로 생각한다.

15) 빈도 의존적 선택이란 한 유전자형의 적응도가 다른 유전자형의 빈도에 따라 변하여 다형성이 유지되는 과정. 즉, 빈도가 높은 유전자형이 생존할 확률이 낮아지고 빈도가 낮은 유전자형이 생존할 확률이 높아져서 결국 두 유전자형이 동일한 빈도로 유지되는 현상

빈도 relative abundance)[16]에 의존한다. 잘 섞인 집단상태(well-mixed populations)[17]에서 자연선택은 협동을 형성하기 위해 어떤 메커니즘의 도움이 필요하다는 것을 살펴볼 것이다.

<그림 1> 자연선택에서의 평균 적합도 감소

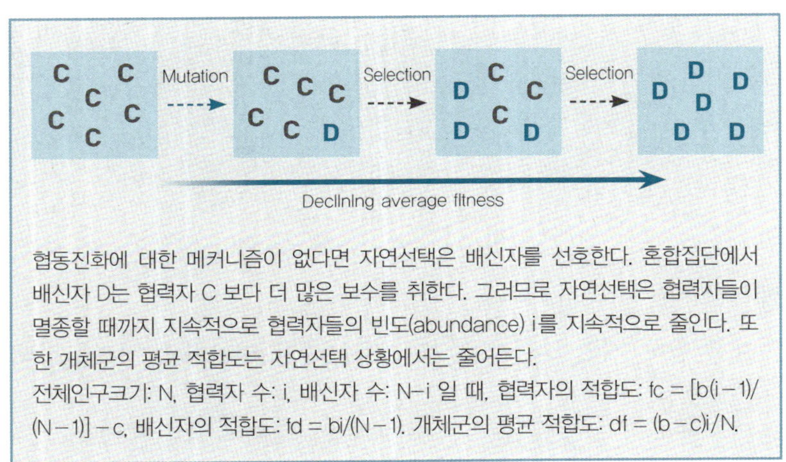

협동진화에 대한 메커니즘이 없다면 자연선택은 배신자를 선호한다. 혼합집단에서 배신자 D는 협력자 C 보다 더 많은 보수를 취한다. 그러므로 자연선택은 협력자들이 멸종할 때까지 지속적으로 협력자들의 빈도(abundance) i를 지속적으로 줄인다. 또한 개체군의 평균 적합도는 자연선택 상황에서는 줄어든다.
전체인구크기: N, 협력자 수: i, 배신자 수: N−i 일 때, 협력자의 적합도: fc = [b(i−1)/(N−1)] − c, 배신자의 적합도: fd = bi/(N−1). 개체군의 평균 적합도: df = (b−c)i/N.

2. 혈연선택

생물학자 존 할데인(J.B.S. Haldane)은 "나는 물에 빠진 2명의 동생 혹은 8명의 사촌을 구하기 위해 강으로 뛰어들 것이다"라고

---

16) 생태학적 집단에서 상대적으로 종이 풍부함(relative species abundance in ecological communities) 을 뜻함.
17) 모든 경기자가 서로 만날 확률이 동일해지는 상태.

116

표명했을 때, 이는 이후 해밀턴 법칙(Hamilton's rule)(1)으로 알려진 것에 대한 예견이었다. 엄밀히 말하면 해밀턴 법칙은 유전자 공유도 r(근친도)이 c(이타적 행위에 따른 비용)/b(상대방이 이타적 행위로 인해 얻게 되는 이득)보다 클 때 이타적 행위가 일어난다.[18]

$$r > c/b \qquad (1)$$

근친도(relatedness)란 친족 간 유전자의 공유 정도를 나타낸다. 두 형제가 가계(descent)로부터 받은 동일 유전자를 공유할 확률은 1/2이고, 사촌 간의 공유 확률은 1/8이다. 해밀턴 이론은 '혈연선택'이나 '포괄 적합도(inclusive fitness)[19]'로 널리 알려지기 시작했다. 한 특정한 유전자에 의해 유발된 행위의 적합도를 평가할 때 동일유전자를 지니는 친족에 대한 행위효과를 포함하는 것이 중요하다. 그러므로 협동행위의 '확장표현형(extended phenotype)[20]'은 이기적 유전자의 결과(consequence)이다.

---

18) 근친도 r이 가까울수록, 그리고 비용이 적고 이익이 클수록 협력이 일어난다는 의미.

19) 고전적 적응도 이론에서는 한 유기체가 생식에 성공하여 자신의 유전자를 남길 가능성을 중시한다. 그렇지만 포괄적 적합도 이론에서는 자신을 포함하여 자신과 유전적으로 가까운 유기체의 유전자가 다음 세대로 전달될 가능성을 높이는 행동이나 효과가 종합적으로 고려된다.

20) 한 유전자가 그것을 지닌 생물체는 물론 온 세상에 미치는 효과(표현형:하나의 유전자의 몸으로 나타남).

협력자(C), 배신자(D) 두 경기자 간의 표준 보수행렬 중 경기자 1의 보수를 나타내면,

구분		경기자 2	
		협력(C)	배신(D)
경기자 1	협력(C)	$b - c$	$- c$
	배신(D)	b	0

※ c : 협력자가 지불하는 비용.
　b : 협력자의 지불로 상대방이 받는 혜택(단. b 〉 c)

혈연선택이 일어나면,

구분		경기자 2	
		협력(C)	배신(D)
경기자 1	협력(C)	$(b-c)(1+r)$	$br-c$
	배신(D)	$b-rc$	0

※ r : 경기자간에 평균 근친도(유전자 공유도, 0 〈 r 〈 1)

경기자 2가 협력(C) 혹은 배신(D) 중 어느 것을 선택하는 것에 관계없이 경기자 1이 협력(C)을 택할 조건은 두 가지 $(b-c)(1+r)$ 〉 $b-rc$ & $br-c$ 〉 0인데, 바로 r 〉 c/b일 때 협력이 일어난다.

【협동조직으로 가는 길 ❶ 문화적 유전자를 공유하라!】

노박 교수는 혈연선택에서 동일한 유전자를 더 많이 공유할수록 협동이 더 잘된다고 지적하면서 협동은 유전자뿐만 아니라 문화적으로도 일어날 수 있다고 적시했다. 조직진화·발전 차원에서 조직문화의 유전자를 공유할 필요가 있다. 다시 말해 조직이 추구하는 미

션(존재이유), 비전(미래의 모습), 핵심가치(사고와 행동의 기준)의 공유로 조직의 정체성 내지는 기업 가치관을 확립할 필요가 있다.

3. 직접 상호성

단지 친족들 간에 협동을 설명할 수 있는 이론으로는 불충분하다. 왜냐하면 비(非)친족 관계나 심지어 다른 종들의 구성원 간에 협동을 관찰할 수 있기 때문이다. 이러한 관점에서 트리버스(Trivers)[21]는 '직접 상호성'이라는 협동진화의 새로운 메커니즘을 제시했다. 두 개인 간에 경기가 반복된다고 가정하면, 경기자는 경기마다 협동과 배신 중 하나를 선택할 수 있다. 협동을 선택한다면 상대방도 협동을 선택할 것이다. 그 결과 게임은 협동으로 청산한다. 이 게임의 이론적 프레임은 반복되는 죄수의 딜레마이다.

이 게임에서 가장 좋은 전략은 무엇일까? 두 컴퓨터 토너먼트에서 엑셀로드(Axelrod)는 '팃포팃(tit-for-tat)'이라는 간명한 승리전략(winning strategy)을 발견했다. 이 전략은 항상 협동으로

---

21) 로버트 트리버스(Robert Trivers)는 미국의 진화 생물학자로 직접상호성을 '상호적 이타성'이라 불렀다. 1971년 「상호적 이타성의 진화(The Evolution of Reciprocal Altruism)」라는 제목의 논문을 발표. 동물 행동을 분석하는데 반복되는 죄수의 딜레마의 게임을 도입(산호초에서 작은 청소 도우미 물고기가 청소를 끝낸 후에 큰 물고기들이 이들을 잡아먹지 않는 이유는 산호초에서 단 한 번이 아니라 여러 번 반복적으로 만나기 때문인데 이는 생물학에서 동물들 간의 일련의 반복적 만남이 협력을 일어나게 한다는 점을 시사한다.

시작하는데, 상대방이 이전 경기에서 어떠한 전략을 취했는가에 따라 대응하는 전략이다. 다시 말해 협동에는 협동으로, 배신에는 배신으로. 이 단순한 개념이 반복적 죄수 딜레마의 열렬한 지지자 모두를 매료시켰다. 엑셀로드의 이 기념비적인 업적은 실증적이고 이론적인 연구에 많은 영감을 불어 넣어 주었다.

하지만 이 이론에 취약점이 드러났다. 떨리는 손(trembling hands)[22] 혹은 불분명한 사고방식(fuzzy minds)[23]으로 일어난 잘못된 행동이 있다면 팃포탯의 이행은 줄어들 것이다. 팃포탯은 어떤 우연한 배신이 길고 영속적인 보복을 끌어내기 때문에 실수를 정정할 수 없다.[24] 우선 팃포탯은 관대한 팃포탯(GTFT, generous-tit-for-tat)으로 대치되었다. 이 전략은 상대방이 협동하면 나도 협동하지만 때때로 상대방이 $1-(c/b)$ 확률로 배신하더라도 협동한다. 이로써 자연선택은 용서를 촉진할 수 있다.

이후 팃포탯은 승유패변의 법칙(win-stay, lose-shift)으로 대치되었는데 이는 진행되는 게임에서 이전에 사용한 전략이 통했다면 다음에도 계속 사용하고, 통하지 않았다면 다른 전략으로 바꾸는

---

22) 경기자가 실수로 혹은 일이 꼬여서 나는 협력하고 싶었는데 내 의도와는 무관하게 손이 떨려서 협력 대신 배신(D)을 한 경우
23) 기억이 부정확해서, 가령 지난번에 이 사람이 배신했(D)다고 생각해서 배신했는데 알고 보니 배신한 사람은 그 사람이 아니라 다른 사람이었다.
24) 나는 실수로 배신(D)을 했고 다음 기회에는 원래 의도대로 협력(C)으로 복귀하려고 하더라도 상대방은 나의 배신(D)을 보고 괘씸하게 생각한 나머지 보복을 시작할 수도 있다.

것을 말한다. 승부 전략에 대한 다양한 측정결과 승유패변의 법칙이 틱포탯(TFT)이나 관대한 틱포탯(GTFT)보다 더 강력한 것으로 나타났다. 틱포탯은 배신자들이 대부분인 사회에서 협동을 끌어내는 기폭제 역할을 한다. 한번 협동이 일어나면 승유패변의 법칙이 협동을 더 오래 유지해줄 수 있다. 반복적 죄수의 딜레마에 대한 전략은 무제한적으로 많지만 단순한 일반적인 규칙으로 정리할 수 있다. 직접 상호성은 동일한 두 개인 간 다시 만날 확률(w)이 이타적 행동의 혜택대비 비용(c/b)보다 더 클 경우에 협동의 진화를 끌어낼 수 있다.

$$w > c/b \tag{2}$$

 반복되는 죄수의 딜레마 게임

일회성 죄수의 딜레마 게임에서는 항상 배신(D)이 우월전략이다. 그런데 게임이 반복된다고 가정하면 두 경기자에게는 두 가지 전략❶ 조건부 협조전략 혹은❷ 끝까지 배신전략이 가능하다. 이때 보수행렬은 다음과 같다.

구분		경기자 2	
		협력(C)	배신(D)
경기자 1	협력(C)	(b−c)/(1−w)	−c
	배신(D)	b	0

※ w : 게임이 반복될 확률

여기서 협력(C)는 조건부 협력(TFT, 첫 회 게임에서는 협력하지만 다음 회부터는 상대방이 협력한 경우에만 협력)이다. 두 경기자 간에 협력이 일어나는 조건을 알기 위해서 경기자1 의 보수를 알아보면 된다. 게임은 무한 반복, 경기자 1이 협력(C)할 때 상대방도 협력(C)하면 경기자 1의 보수는 등비수열[25]의 극한값을 가지므로 $(b-c)/(1-w)$가 되고, 경기자 1이 배신(D)하는데 경기자 2가 협력(C)하는 경우는 게임이 무한 반복된다고 해도 첫 회뿐이다. 그 결과 경기자 1의 보수는 b이다. 다시 말해 경기자 1이 협력전략을 취하는 조건은 $(b-c)/(1-w) > b$일 때인데, 이를 정리하면 $w > c/b$가 된다. 결국 게임이 반복될 확률이 높아지면 배반전략에 대한 상대방의 보복이 따르기 때문에 결국 협력한다는 말이다.

【협동조직으로 가는 길 ❷ 변화와 혁신을 반복하라!】

'조직의 무임 승차자들을 어떻게 협동으로 이끌 수 있을까?'라는 질문에 노박 교수는 팃포탯 전략을 제시했다. 바로 '눈에는 눈, 이에는 이' 전략이다. 더불어 만날 확률을 높여라. 즉 조직의 진화·발전을 위해 변화와 혁신의 지속성을 강조했다. 다시 말해 일회성이 아니라 지속적이고 반복적인 조직문화혁신이 조직 구성원을 협동으로 이끌 수 있다.

---

25) 첫째 항에서 차례로 공비(일정한 수)를 곱해서 그 다음 항을 만들어내는 수열로 무수히 반복될 때, 그 공식은 a/1-r이다. 공비 r은 게임이 반복될 확률 w로 대치된다.

4. 간접 상호성

　직접 상호성은 협동 진화에 강력한 메커니즘이지만 특히 인간사회에 있어서 어떤 중요한 측면을 무시하고 있다. 직접 상호성은 다음 사항을 전제로 한다. ⅰ) 동일한 두 개인은 반복적으로 만난다. ⅱ) 두 개인은 도움을 제공할 수 있다. ⅲ) 수혜자의 혜택이 기부자의 비용보다 크다. 하지만 사람들 간의 상호작용은 종종 비대칭적이며 일시적이다. 어떤 사람이 다른 사람을 돕지만 직접 상호성의 가능성은 없다. 예를 들면 일반적으로 초행지에 온 방문객이 길을 찾기 위해 물으면 그냥 돕는다. 또 우리에게 혜택을 주지 않는 자선단체에도 기부한다. 직접 상호성이 상품의 즉각적인 교환에 입각한 물물교환경제(barter economy)지만, 간접 상호성은 화폐의 발명과 유사점을 갖는다. 간접 상호성을 가능케 하는 동력, 즉 화폐 역할을 하는 것이 바로 '평판(reputation)'이다.

　좋은 평판을 얻음으로써 타인으로부터 보상을 받을 수 있을 것이다. 어떤 행동을 취할 때 그 행동 결과에 따른 평판을 고려한다. 따라서 우리에게 직접적으로 영향을 미치는 사건에 대해 강하게 반응하지만 다른 사람들의 문제에 대해서도 깊은 관심을 보이는데 이는 주로 뒷말(gossip)로 나타난다.

　간접 상호성에서는 무작위로 만남이 선택되기에 동일한 두 개인이 다시 만날 필요가 없다. 단지 한 개인은 기부하고, 다른 개인은 혜택을 받는다. 기부자는 협동할지 안 할지를 결정할 수 있다. 다른 사람들에게 정보를 알려주는 그 사회의 부분집합(subset)이 이러한 상호작용을 관찰한다. 평판은 간접 상호성에 의한 협동의 진화를 가능하게 한다. 자연선택은 수혜자의 평판을 판단하는 데 도움이 되는 전략들을 선호한다. 간접 상호성에 대한 이론적이고 실증적인 연구들에서 도움을 주는 사람이 더 쉽게 도움을 받는 것으로 밝혀졌다. 비록 간접 상호성이 동물 간에 단순한 형태로 나타난다 할지라도 복잡성을 띤 온전한 형태는 인간사회에서만 찾아볼 수 있을 것이다. 왜냐하면 간접 상호성은 상당한 인지적 수준(cognitive demands)을 요구하기 때문이다. 우리는 우리 자신의 상호작용을 기억해야 할 뿐만 아니라 변화무쌍한 집단의 사회적 네트워크를 모니터링 해야 한다. 언어는 간접 상호성과 관련된 정보를 얻거나 뒷말을 퍼트리는 데 필요하다. 짐작건대 간접상호성에 대한 선택과 언어는 인간지능의 진화에 결정적인 역할을 하였다. 또한 간접 상호성은 도덕성과 사회규범의 진화를 끌어낸다.

간접 상호성의 계산식은 복잡하고, 단지 이 분야의 작은 부분만이 드러나 있지만 (3)과 같이 간단한 법칙으로 다시 나타낼 수 있다. 간접 상호성은 다른 사람의 평판을 알 수 있는 확률(q)이 이타적 행동의 혜택대비 비용(c/b)보다 더 크면 협력의 진화를 촉진할 수 있다.

$$q > c/b \qquad (3)$$

124

간접 상호성에서의 기본적인 전략의 상호작용은 (i) 배신자와 (ii) 상대방이 배신자라는 사실을 모르고 협력하는 협력 자간에 일어난다. 또한 q는 다른 사람의 평판을 알 수 있는 확률, 보다 정확하게 표현하면 상대의 전략이 알려지는 정도이다. 이러한 상황에서 협력자는 다른 협력자에게는 항상 협력하지만, 배신자에 대해서는 $(1-q)$ 확률을 가지고 협력한다.

이때 보수행렬은 다음과 같다.

구분		경기자 2	
		협력(C)	배신(D)
경기자 1	협력(C)	$b-c$	$-c(1-q)$
	배신(D)	$b(1-q)$	0

※ q : 다른 사람의 평판을 알 수 있는 확률

두 경기자 간에 협력이 일어나는 조건은 $b-c > b(1-q)$이고, 이를 정리하면 $q > c/b$이다. 다시 말해 다른 사람의 평판을 잘 알 수 있는 투명한 사회일수록 협동이 잘 일어난다는 것을 의미한다.

【협동조직으로 가는 길 ❸ 평판을 널리 알려라!】

간접 상호성은 '내가 너를 도우면 누군가 나를 돕는다'는 믿음이 작동할 때 위력을 발휘하는 시스템이다. 이를 위해서는 조직의 숨은 일꾼을 찾아 그의 평판을 널리 알려야 한다. 평판을 알리는 언어체계, 즉 경직되고 닫힌 소통체계에서 유연하고 열린 소통체계로의 재구축이 필요하다.

5. 네트워크 상호성

〈그림 1〉에서 보듯이 자연선택에서 배신(D)의 변이가 생기는 것은 모든 사람이 다른 사람들과 동등하게 상호작용하는 잘 섞인 집단상태(well-mixed populations)에 근거를 둔 것이다. 동학적 진화게임(evolutionary game dynamics)[26]의 표준적 접근방식에서 이와 유사한 것들이 사용되고 있다.

그러나 실제 개체군들은 잘 섞여 있지 않다. 공간구조(spatial structures)나 사회적 네트워크에서는 몇몇 개인들 간의 상호작용이 다른 이들보다 더 활발한 것을 볼 수 있다. 이러한 현상에 대한 영향을 파악하는 접근방법의 하나로 진화 그래프 이론(evolutionary graph theory)이 있다. 이 이론은 공간구조가 진화적 그리고 생태학적 동학(ecological dynamics)에 어떻게 영향을 미치는지에 관한 연구를 할 수 있게 한다.

개체군속의 개개인은 그래프의 꼭짓점(vertices)에 위치한다. 그 가장자리(edges)에는 그들과 상호작용을 하는 사람들이 위치한다. 어떤 전략적 복잡성을 지니지 않은 협동자와 배신자들을 상정해보자. 협동자는 비용 c를 지불한다. 이렇게 지불된 비용은 각 이웃이

---

26) 게임에는 진행되는 방식에 따라 동시 게임(simultaneous game)과 순차적 게임(sequential game) 혹은 동학적 게임(dynamic game)으로 구분한다. 동시 게임이란 예를 들어 가위바위보 게임처럼 경기자들이 동시에 행동을 취하는 게임이다. 반면 동학적 게임이란 한 경기자가 먼저 행동을 취하고 난 후, 다음 경기자가 행동을 취하게끔 진행되는 게임이다.(예 바둑 경기)

혜택 b를 받기 위함이다. 배신자는 어떠한 비용도 지불하지 않는다. 그리고 그들 이웃도 어떠한 혜택도 받지 못한다. 이러한 상황에서 협력자는 네트워크 클러스터(무리)를 형성함으로써 이길 수 있다. '네트워크 상호성(network reciprocity)'이 일어나면 그 결과 '공간 상호성(spatial reciprocity)'이 일반화된다.

그래프 상의 게임들은 컴퓨터 시뮬레이션으로 손쉽게 탐구할 수 있다. 그러나 일어날 수 있는 환경설정(배치)이 무수히 많으므로 수학적으로 분석하기에는 어렵다. 그럼에도 불구하고 네트워크 상호성이 협동을 선호하는지 아닌지를 결정지어 주는 간명한 법칙(4)이 있다는 것은 놀라운 사실이다. 비용 대비 이익의 비율(benefit-to-cost ratio)이 개인당 관계를 맺고 있는 이웃의 평균 숫자, k를 초과할 때 협동의 진화가 일어난다.

$$b/c > k \qquad (4)$$

탐구 4 유유상종 – 소수의 결집력

모든 경기자가 서로 만날 확률이 동일한 잘 섞인 집단 상태에서는 협력자는 언제나 배신자에게 패배한다. 그런데 공간적 구조에서 보면 각 경기자는 지리적으로 서로 연결되어 있다. 대개 상호작용을 하는 존재들은 우연히 옆에 있게 된 경기자들이다. 현대사회에는 무수히 많은 네트워크가 복잡하고 광범위한 형태로 존재한다. 이러한 복잡한 배치를 네트워크라고 부르지만, 수학자들이 사용하는 일반 용어는 '그래프(graph)'이다.

집단구조가 동학적 진화에 어떻게 영향을 주는가에 관한 연구는 진화 그래프 이론(evolutionary graph theory)으로 설명된다. 이 이론은 상수 선택(constant selection)에서 출발한다. 동일한 유형으로 구성된 집단 상태를 택하고 여기에 다른 유형의 변이체 하나가 침투하였을 때 이 새로운 변이체가 선택 우위에 있다면 기존 형태보다 더 빨리 번식할 것이다. 반대로 이 변이체가 선택 열위에 있다면 보다 천천히 번식한다. 또 둘의 번식률이 동일할 수 있는데 이때 새롭게 침투된 변이체를 '중립'변이체라고 하는데, 이 변이체에서 번식된 후손들이 집단전체를 차지할 확률을 새로운 변이체의 고정확률(fixation probability)라고 한다.

동일한 적합도를 지닌 중립적 진화의 경우 현재의 세포와 새로운 변이체가 전체 집단을 점하여 장래 전체 집단의 보편 조상이 될 고정확률은 동일하다. 따라서 10개의 세포가 있다면 그중 하나가 전체를 점할 확률은 10분의 1이 된다. 만약 100개의 세포가 있다면 확률은 100분의 1이다. 다시 말해 중립적 변이체의 고정확률은 집단크기의 역수이다. 네트워크(그래프)구조는 새로운 변이체의 고정 확률을 바꾸지 않는다.

따라서 네트워크에서 개인들은 이웃과 상호작용하고 보수를 얻게 되는데, 이 보수가 클수록 개인이 번식하거나 이웃들이 이 전략을 모방할 가능성이 커진다. 이는 개인이 자신의 전략을 어떻게 바꿀 것인지 결정하는 규칙인 갱신규칙(updating rule)으로 설명할 수 있다. 즉 이웃 중 하나가 다른 이웃들보다 훨씬 높은 보수를 지니고 있다면 이 전략이 모방될 확률은 상당히 높게 된다.

이때 보수행렬은 다음과 같다.

구분		경기자 2	
		협력(C)	배신(D)
경기자 1	협력(C)	b−c	H−c
	배신(D)	b−H	0

※ H=[(b−c)k − 2c]/(k+1)(k−2), k: 개인이 맺고 있는 이웃의 평균 수

협력이 일어나는 조건은 b−c 〉 b−H이고, 이를 정리하면 b/c 〉 k이다. 다시 말해 개인이 맺고 있는 이웃이 적을수록 협력이 잘 일어나고, 주변 이웃의 수가 늘어날수록 협력은 줄어든다. '3총사는 있어도 30총사는 없다', '황야의 7인은 있어도 70인은 없다'는 문구는 노박의 네트워크 상호성 개념을 명확하게 해준다.

【협동조직으로 가는 길 ❹ 클러스터를 형성하라!】

죄수 딜레마 게임의 보수행렬을 보면 협력자와 배신자가 섞여 있는 집단에서는 항상 배신자의 보수(이득)이 크다. 그런데 협력자들이 모여 무리를 형성하는 집단에서는 협력자가 배신자나 배신자 무리의 보수보다 훨씬 더 크다는 사실을 알 수 있었다. 그뿐만 아니라 협력자의 협동전략은 주변으로 확산하는 전파력이 있다는 점을 눈여겨볼 필요가 있다. 노박 교수는 '협력자는 상호 간 서로 협조하는 네트워크 클러스터(무리)를 이룸으로써 승리할 수 있다. 덧붙여 '네트

워크 상호성은 공간적 상호성의 일반적 표현이다'라고 기술하였다. 이는 공간적 상호성으로 네트워크를 형성함으로써 조직 구성원의 일체감을 조성할 수 있다는 말이다. 바꿔 얘기하면, 일체감을 가질 수 있는 네트워크 클러스터를 형성함으로써 조직의 협동을 일어나게 할 수 있다는 것을 의미한다.

6. 집단선택

선택은 개인뿐만 아니라 집단에서도 일어난다. 협력자 집단은 배신자 집단보다 더 성공적이다. 집단선택에 대한 이론적이고 실증적인 연구가 몇몇 논쟁과 더불어 진행됐다. 그리고 최근에는 '다중수준 선택(multilevel selection)'이라는 이름 아래 이러한 생각들의 부흥이 일어나고 있다.

집단선택 모델의 단순한 작동원리는 다음과 같다. 하나의 개체군은 다시 하부집단으로 세분된다. 협력자들은 그 자신이 속한 집단의 다른 협력자들을 돕는다. 배신자들은 돕지 않는다. 각 개체는 보수에 비례하여 번식한다. 그들 개체의 자식들은 동일한(부모가 속한) 집단에 추가된다. 만약 한 집단이 어느 정도의 크기에 도달하면, 이 집단은 둘로 나누어질 수 있다. 이 경우 또 다른 집단은 전체 개체군 크기를 제한하기 위해 멸종된다. 단지 각 개체만의 번식이 일어나지만, 선택은 낮은 레벨과 높은 레벨로 나타난다. 몇

몇 집단은 더 빨리 성장하고 더 자주 분열하기에 집단 간에는 경쟁이 있다. 특히 협력자만 있는 집단은 배신자만 있는 집단보다 훨씬 더 빠르게 성장한다. 반면 이들이 섞인 집단 내에서는 배신자들이 협력자보다 더 빨리 번식한다. 그러므로 (집단 내의) 낮은 레벨에서의 선택은 배신자들이 유리하지만, (집단 간의) 높은 레벨에서는 협력자들이 더 유리하다. 이 모델은 '집단 생식능력 선택(group fecundity selection)'에 근거한다. 이는 협력자 집단이 두 집단으로 분열되는 비율이 더 높다는 것을 의미한다. 따라서 협력자 집단이 멸종할 가능성이 더 적다고 하는 '집단 생존력 선택(group viability selection)'에 근거한 모델이라고 생각해볼 수도 있다.

수학적으로 약 선택(weak selection)과 흩어짐이 희소한 집단(rare group splitting)으로 적절히 범위를 제한하면 다음의 간명한 결과를 얻어 낼 수 있다. n을 한 집단의 최대 크기[27] 그리고 m을 집단의 수라고 하면, 집단선택이 협동의 진화를 일어나게 하는 조건은 다음과 같다.[28]

$$b/c > 1+(n/m) \qquad (5)$$

---

27) 한 집단에 속해 있는 사람의 수

28) 집단의 평균 개체 수가 적을수록 협력이 잘 일더난다. 집단의 평균 개체 수 많다는 것은 한 집단으로 모여 있다는 의미이고 이 경우 앞서 본 듯이 협력자는 소멸한다.

집단선택이란 어떤 집단이 어떤 특성을 갖는가, 혹은 어떤 특성을 가진 사람을 얼마나 많이 보유하고 있는가에 따라 집단들의 생존 가능성이 달라지고, 그로 인해 그 속성이 전체로 퍼져나가게 될지 아니면 없어지게 될지가 결정되는 일련의 과정을 말한다. 어떤 성향이 한 집단으로 퍼져 나가게 되는 과정은 개체군들이 성공적인 개체군이 채택했던 전략을 따라 배워가는 과정이다. 몇 차례의 상호작용으로 내 전략이 타당한지를 검토하고 다른 사람이 선택한 전략이 더 성공적이라면 내 전략을 버리고 그 사람의 전략을 새로운 전략으로 선택한다.

먼저 집단내의 상호작용에 따른 경기자 1 보수행렬을 보면 다음과 같다.

구분		경기자 2	
		협력(C)	배신(D)
경기자 1	협력(C)	b−c	−c
	배신(D)	b	0

(가)

그리고 집단 간에는 동학적 상호작용이 없는 게임이지만 그 집단에 속한 개인들의 평균 적합도에 따라 보수가 나누어진다. 그러므로 협력자집단은 지속적으로 b−c의 보수를 가지고, 배신자집단의 보수는 0이다. 따라서 보수행렬은 다음과 같다.

구분		경기자 2	
		협력(C)	배신(D)
경기자 1	협력(C)	b−c	b−c
	배신(D)	0	0

(나)

이제 첫 번째 행렬 (가)에 집단크기 n을 곱하고, 두 번째 행렬 (나)에 집단의 수 m을 곱한 후, 두 행렬을 더 하면 다음과 같은 결과가 나온다.

구분		경기자 2	
		협력(C)	배신(D)
경기자 1	협력(C)	(b−c)(n+m)	bm−c(m+n)
	배신(D)	bn	0

※ n: 한 집단의 최대 크기 수, m: 집단의 수

협력이 일어나는 조건은 $(b-c)(n+m) > bn$이고, 이를 정리하면 $b/c > 1+(n/m)$이다. 다시 말해 한 집단 내에서 사람의 수가 적을수록(네트워크 상호성이 일어날 가능성이 크다) 그리고 집단의 수가 많을수록 협력이 일어난다.

【협동조직으로 가는 길 ❺ 다분성으로 생존력을 높여라!】

노박 교수는 '집단의 규모가 작고, 집단의 수가 많을수록 협동이 더 잘된다'라고 말했다. 덧붙여 말하길 협동그룹은 둘로 분할되는 비율이 더 높은 〈집단 생식능력 선택〉과 〈집단 생존력 선택〉을 기반으로 하기에 멸종하는 경우가 거의 없다고 설명한다. 바꿔 얘기하면, 협동그룹은 잘 분리된 특성, 즉 다분성(多分性)이 높다 보니 생존력이 더 높다는 말이다. 혹자는 '21세기는 다분성의 시대다'라고도 말한다. 그런데 다분성이 높은 대표적인 조직이 바로 협동조합이다. 다분성은 협동조합이 신자유주의를 보완하는 새로운 경제시스템으로 주목받는 이유 중 하나이기도 하다. 조직이 거대 관료조직으로 변했다면 조직문화의 쇄신이 필요하다. 왜냐하면 협동조합의 다분성으로 협동력을 높여 조직의 생존력을 높일 수 있기 때문이다.

7. 정리하며

진화적 성공

5가지 메커니즘의 비교분석을 하기 전에 몇 가지 진화적 성공측정을 소개한다. 협력자를 C, 배신자를 D 그리고 다음과 같은 보수행렬이 다음과 같이 주어진 두 전략 사이의 게임을 가정해보자.

$$
\begin{array}{c c}
 & \begin{array}{cc} C & \quad D \end{array} \\
\begin{array}{c} C \\ D \end{array} & \begin{pmatrix} \alpha & \beta \\ \gamma & \delta \end{pmatrix}
\end{array}
$$

이 항목들의 값은 그 열에 있는 경기자(the row player)의 보수이다. 협동의 진화에 어떠한 메커니즘도 없다면 배신자들이 협력자보다 우월하다. 이는 $\alpha < \gamma$, $\beta < \delta$ 임을 의미한다. 그런데 협동 진화의

메커니즘이 작동하면 이러한 불균형에 변화를 줄 수 있다.

1) 만약 $\alpha > \gamma$이라면, 이때 협동은 진화적으로 안정적 전략[29](evolutionarily stable strategy, ESS)이다. 배신자들은 비확률적 동학 선택(deterministic selection dynamics)하에서는 협력자의 개체군이 무한히 크다면 그 집단에서 확산되지 못한다.

2) 만약 $\alpha+\beta > \gamma+\delta$라면, 이때 협력자는 위험우세[30](risk-dominant, RD)에 있다. 만약 두 전략이 모두 ESS이라면, 위험우세 전략은 더 큰 영향력을 발휘한다.

3) 만약 $\alpha+2\beta > \gamma+2\delta$라면, 이때 협력자는 유리한(advantageous, AD) 상태이다. 이 개념은 개체군이 제한적이고 동학적 확률게임(stochastic game dynamics)일 때 중요하다.

여기에서 중요한 것은 전략의 고정 확률(fixation probability)인데, 이는 그 전략의 돌연변이로부터 나오는 계보(lineage)가 다른 전략을 취하는 전체 개체군을 점령(take over)하는 확률로 정의된다. AD 전략은 개체군 크기의 역(1/N)보다 더 큰 고정확률을 가진다. 이러한 상태는 1/3의 법칙으로 표현할 수 있다. 다시 말해 1/3의 빈도에서 침투전략의 적합도가 현 거주자들의 적합도보다 크다면,

---

29) 최정규(2013), 〈게임이론과 진화 다이내믹스〉, 이음, pp. 139~141.
30) 최정규(2013), 〈게임이론과 진화 다이내믹스〉, 이음, pp. 64~65.

침투자의 고정 확률은 1/N보다 더 크다. 이 상태는 약선택(weak selection)의 범위에 있다.

협동 진화의 메커니즘이 협력자가 ESS, RD, AD(그림 2)로 되어 가도록 한다는 것을 알 수 있다. 어떤 메커니즘은 협력자가 배신자들보다 우월하게 만든다. 이것은 $\alpha > \gamma$, $\beta > \delta$임을 의미한다.

<그림 2> 협력자와 배신자의 진화적 동학

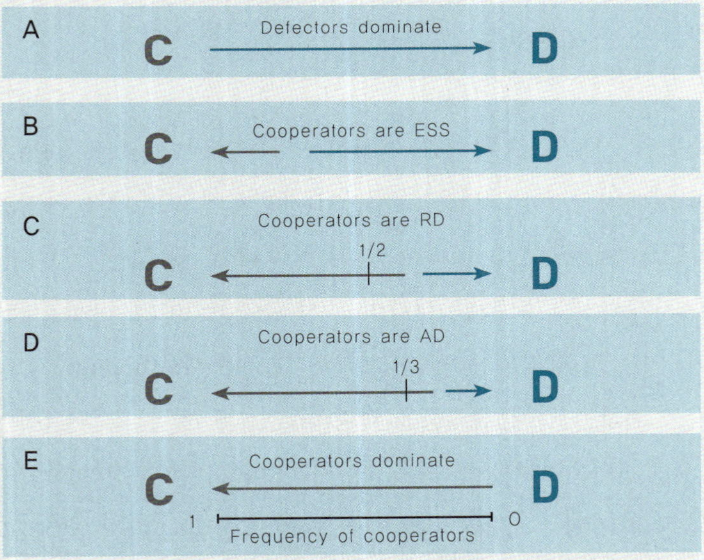

파란 화살표와 회색 화살표는 각각 배신자와 협력자를 선호하는 선택을 나타낸다. (A) 협동진화의 메커니즘이 없는 경우 배신자가 우월하다. 협력 진화의 메커니즘은 협력자가 배신자와 비교해 볼 때 진화적으로 안정적인 전략(ESS), 위험우세(RD), 유리한 (AD) 상태에 있도록 한다.

(B) 협력자들이 배신자들의 침투에 저항할 수 있다면 협력자들은 진화적으로 안정적 전략(ESS)이다.

(C) 배신자들의 견인력의 크기(basin of attraction)가 1/2보다 적다면 협력자는 위험 우세(RD)이다.

(D) 배신자의 견인력의 크기가 1/3보다 적다면 협력자는 유리하다(AD). 이 경우 한정된 수의 배신자 집단에 있는 협력자의 고정확률(안정되게 자리 잡을 확률)은 약 선택에서 개체군 크기의 역보다 크다.

(E) 어떤 메커니즘은 협력자가 배신자보다 우월하다.

비교분석

우리는 협동진화의 5가지 메커니즘을 살펴보았다.(그림 3) 비록 5가지 메커니즘의 밑바탕이 되는 수학적 형식체계는 매우 다르지만 각 이론의 중심에는 간명한 법칙이 있다. 5가지 법칙에서 파생되어진 수학적 체계를 일관성 있게 저시한다. 각 메커니즘은 2×2 보수행렬에 의해 주어진 두 전략들 간에 게임으로 표현될 수 있다는 점이 중요하다.(표 1) 이 매트릭스로부터 협동을 진화시키는 적절한 조건들을 이끌어 낼 수 있다. 혈연선택에서는 메이너드 스미스(Maynard Smith)가 제안한 포괄적합도(inclusive fitness)의 접근방법을 사용했다. 두 경기자간의 근친도는 r이다. 그러므로 r에 곱해진 상대방의 보수는 나의 보수에 더해진다. 사이언스 온라인 자료에서 제시된 두 번째 방법[31]은 다른 매트릭스이지만 동일한 결과를 보여준다. 직접 상호성에서 협력자는 팃포탯을 사용하고, 배신자는 '항상 배신(always-defect)'을 사용한다. 경기의 예상 수는 $1/(1-w)$이다. 두

---

31) supporting material on Science Online. 참조

팃포탯 경기자들은 언제나 협동한다. 팃포탯 대 항상 배신을 취하는 전략에서 협력자는 처음에만 협력하고 이후에는 배신한다. 간접 상호성에서 어떤 사람의 평판이 알려질 확률을 q라 한다. 협력자는 상대방의 평판이 알려져 있지 않아도 배신자를 돕는다. 배신자는 절대 돕지 않는다. 네트워크 상호성에서는 협력자의 기대빈도가 변형된 보수행렬을 가진 표준복제자방정식(standard replicator equation)으로 묘사된다는 것을 알 수 있다. 집단선택에서는 집단내부에서 그리고 집단 간의 두 게임의 보수행렬이 추가되는데, 이는 사이언스 온라인 자료에서 상세하게 다루었다.

혈연선택에 있어서 해밀턴의 법칙, $r > c/b$가 진화 성공(ESS, RD, AD) 결정적인 기준이 되는 계산식이라는 것을 보았다. 이와 유사하게 네트워크 상호성과 집단선택에서도 우리는 3가지 평가에 대한 동일한 조건, 다시 말해 네트워크 상호성에서는 $b/c > k$를, 집단선택에서는 $b/c > 1+(n/m)$을 얻을 수 있었다. 그 이유는 다음과 같다. 만약 이 조건들을 취하면 협력자는 배신자보다 우월하다. 직접 그리고 간접 상호성에서는 ESS 조건들이 각각 $w > c/b$ 그리고 $q > c/b$를 이끌어 냈다. 그리고 협동이 위험우세(RD)나 유리한 상태(AD)가 되기 위해서는 좀 더 엄격한 조건이 요구된다.

〈그림 3〉 협동진화의 5가지 메커니즘

혈연선택은 기부자와 수혜자가 유전적으로 친척 관계에 있을 때 이타적 행위가 일어난다. 직접 상호성은 동일한 두 개인 간에 만남이 반복될 것을 요구한다. 간접 상호성은 평판에 의존한다. 도움을 주는 사람이 도움을 쉽게 받는다. 네트워크 상호성은 협력자클러스터(무리)가 배신자들보다 더 성공적이다. 집단선택은 경쟁은 개인뿐만 아니라 집단 간에서도 일어난다는 생각이다.

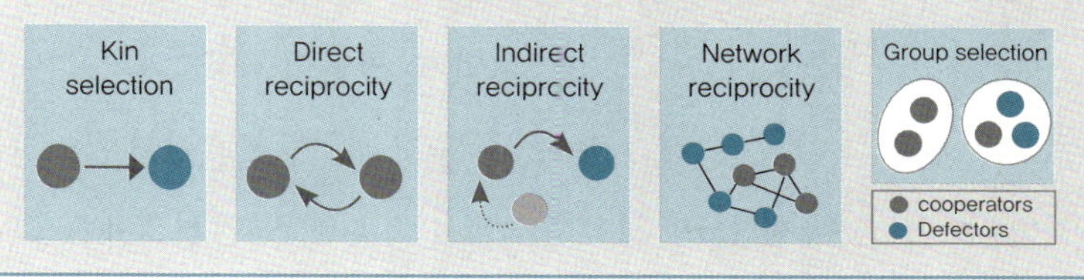

〈표 1〉 2×2 보수행렬로 표시된 각 메커니즘

협력자와 배신자 간의 상호작용을 나타내는 이 매트릭스로부터 협동진화에 필요조건들을 직접 도출할 수 있다. c는 기부자의 비용, b는 수혜자의 혜택을 나타낸다. 네트워크 상호성에서, H = [(b-c)k-2c]/[(k+1)(k-2)]. 모든 조건은 임계 값을 초과하는 비용대비 혜택의 비율로 표시된다. 더 자세한 설명은 사이언스 온라인 자료[32]를 참조할 것

		Payoff matrix		Cooperation is...			
		C	D	ESS	RD	AD	
Kin selection	C	$(b-c)(1+r)$	$br-c$	$\frac{b}{c} > \frac{1}{r}$	$\frac{b}{c} > \frac{1}{r}$	$\frac{b}{c} > \frac{1}{r}$	r...genetic relatedness
	D	$b-rc$	0				
Direct reciprocity	C	$(b-c)/(1-w)$	$-c$	$\frac{b}{c} > \frac{1}{w}$	$\frac{b}{c} > \frac{2-w}{w}$	$\frac{b}{c} > \frac{3-2w}{w}$	w...probability of next round
	D	b	0				
Indirect reciprocity	C	$b-c$	$-c(1-q)$	$\frac{b}{c} > \frac{1}{q}$	$\frac{b}{c} > \frac{2-q}{q}$	$\frac{b}{c} > \frac{3-2q}{q}$	q...social acquaintanceship
	D	$b(1-q)$	0				
Network reciprocity	C	$b-c$	$H-c$	$\frac{b}{c} > k$	$\frac{b}{c} > k$	$\frac{b}{c} > k$	k...number of neighbors
	D	$b-H$	0				
Group selection	C	$(b-c)(m+n)$	$(b-c)m-cn$	$\frac{b}{c} > 1+\frac{n}{m}$	$\frac{b}{c} > 1+\frac{n}{m}$	$\frac{b}{c} > 1+\frac{n}{m}$	n...group size m...number of groups
	D	bn	0				

---

32) supporting material on Science Online. 참조

결론

협력 진화에 관한 5가지 메커니즘 – 혈연선택, 직접 상호성, 간접 상호성, 네트워크 상호성, 집단선택 – 은 2×2 보수행렬로 표기할 수 있다. 이 보수행렬로부터 협력이 진화할 수 있는지를 명시한 근본적인 법칙들을 도출할 수 있었다(표 1). 각 규칙은 어떤 임계 값(critical value)보다 더 크게 되는 이타적 행위의 비용 대비 이익의 비율로 표현된다. 보수행렬은 동학적 진화게임의 표준프레임워크로 도입될 수 있다. 예를 들면 집단선택에서 그리고 혈연선택에서 그래프 상에 게임에 관한 복제방정식(replicator equations)을 연구할 수 있다. 이는 동학적 진화이론에 새로운 가능성을 열어주었다.

협력 진화에 관한 모든 잠재적 메커니즘에 대해 논한 것은 아니다. 협력자들이 각자 임의적인 라벨(arbitrary labels)을 향하여 인식하는 '푸른 턱수염[33]' 모델(green beard models)은 흥미로운 가능성을 제공한다. 협력을 얻기 위한 또 다른 방법은 의무적인 게임보다 자발적인 게임을 만드는 것이다. 즉, 경기자들이 협력, 배신 혹은 경기를 하지 않는 것을 선택할 수 있다면, 보통 협력의 몇몇 레벨에서 동적인 움직임이 활발해진다. 처벌행위는 어떤 상황에서 협력의 행위를 촉진하는 중요한 요인이다. 그러나 협력 진화의 메커니즘이 될 수는 없다. 지금까지 모든 처벌행위의 진화적 모델은 간접 상호성, 집단선택 혹은 네트워크 상호성과 같이 잘 드러나지 않는 메커니즘

---

33) 푸른 턱수염 효과(green beard effect)는 진화생물학에서 개체 간에 이타주의를 설명하는 가설로, 대립 유전자를 가진 개체는 자신과 유사한 특성을 가진 개체를 선택하는 경향을 나타내는 성 선택(sexual selection)의 한 유형이다.

에 근거해 왔다. 처벌행위는 협력이 그러한 모델에서 성취되었을 때 협력의 레벨을 상승시킬 수 있다.

혈연선택은 유전적 친척 관계에 있는 사람들 간에 상호작용을 분석하는 것이 더 일반적인(프라이스 방정식[34)에 근거를 둔) 수학적 이론들을 이끌어 내왔다. 상호작용을 하는 개인들은 어떤 표현형 상관계수(phenotypic correlation)의 형태를 가질 수 있다. 그러므로 혈연선택 이론은 협력진화에 관한 다른 메커니즘들과 비교하는 접근방식을 제공한다.

진화의 근본 원리는 돌연변이와 자연선택 두 가지이다. 그러나 진화는 협력 때문에 건설적(constructive)이다. 조직의 새로운 레벨은 낮은 단계에서 경쟁하는 단위가 협력을 시작할 때 진화한다. 협력은 분화(specialization)를 통해서 생물학적 다양성을 촉진한다. 진화과정의 조정 가능성(제한을 두지 않은 것)에 숨겨진 비밀은 협력이다. 아마 진화의 가장 뛰어난 측면은 경쟁사회에서 협력을 생성해내는 능력이다. 그러므로 우리는 돌연변이와 자연선택 이외에 진화의 제3의 기본원리로써 '자연스러운 협력(natural cooperation)'을 추가할 수 있을 것이다.

---

34) 조지 리처드 프라이스(George R. Price)가 발견한 공식으로 '어떤 개체의 특성이 다음 세대로 이어지는 과정에서 특성의 평균이 다음 세대에서 변하는 정도(Δz)를 "공분산[개체의 적합도($\frac{w}{\bar{w}}$),개체 특성(z)] + 평균[개체의 적합도($\frac{w}{\bar{w}}$)×개체 특성(z)]"이라는 다음의 공식으로 간명하게 표현함.

$$\Delta z = \text{cov}\left(\frac{w}{\bar{w}}, z\right) + E\left(\frac{w}{\bar{w}} z\right)$$

z : 개체의 어떤 특성, w : 해당 개체 자손의 수 Δz : 특성 평균이 해당 개체와 다음 세대의 개체 간 변화하는 정도
$\bar{w}$: 해당개체와 같은 세대 개체들이 갖는 자손의 평균 수
cov : 공분산(cov(x,y)는 x,y라는 두 변수가 같게 변하는 정도
E : 산술평균(기댓값)

- 노박, 허준석 역, 『초협력자』, 서울: 사이언스북스, 2012, pp. 53~187, pp. 384~395
- 리처드 도킨스, 홍영남 역, 『이기적 유전자』, 서울: 을유문화사, 2007. p 400
- 수전 블랙모어, 김명남 역, 『밈』, 서울: 바다출판사, 2010. p. 214
- 정태인, 『협동의 경제학』, 서울: 레디앙, 2013.
- 최정규, 『이타적 인간의 출현』, 서울: 뿌리와 이파리, 2013.
- 최정규, 『게임이론과 진화 다이내믹스』, 서울: 이음, 2013.
- 위키피디아, en.wikipedia.org, "녹색 턱수염 효과"
- http://en.wikipedia.org/wiki/Green-beard_effect

협동조합, 농업 · 농촌 · 농민 및 세상 톺아보기

제4장

【農心】 협동조합을 읽다

1. 세상의 사각지대, 협동조합으로 톺아보자

'톺아보기'라는 말이 있다. 이 말은 '샅샅이 더듬어 뒤지면서 찾아본다'는 의미를 지니고 있다. 생소한 단어지만 지금 우리에게 가장 필요한 용어이다. 왜냐하면 현대인은 너무 바쁘게 살아간다는 이유로 사회에서 발생하는 일이나 사건들을 건성건성 혹은 대충대충 얼버무리기 때문이다.

그렇다면 우리 사회의 어느 곳을 톺아보아야 할까? 보이지 않는 부분, 감추어진 부분을 보아야 한다. 바로 세상의 사각지대이다. 사각지대란 어느 위치에 섬으로써 사물이 눈으로 보이지 아니하게 되는 각도를 말한다. 단적으로 표현하면 한 손에 돈뭉치를, 다른 한 손에 야구방망이를 든 자본가는 자신의 발아래 꿇어앉은 노동자의 가슴앓이를 보지 못하는 경우이다. 아니 보려 하지 않는 태도이다.

세상의 사각지대는 번쩍이는 양복에 누런 휘장이나 배지를 다는 순간 더는 사회적 약자의 가슴을 읽지 못하고 읽지 않으려는 위정자나 권력가가 많아질수록 그 범위가 넓어진다. 올바른 세상 톺아보기는 진정 보이지 않기에 보지 못하는 부분만 있는 것이 아니라 보려하지 않기 때문에 보지 못하는 부분이 있다는 사실을 인식하는 데서 출발해야 한다. 이를 바꿔 얘기하면 보려는 부분만 볼 것이 아니라 잘 드러나지 않는 부분도 자각할 줄 알아야 한다는 것이다.

얼마 전 사설을 통해 '협동조합 90%는 좀비'라는 기사를 내보낸 신문은 2~3년 전 "정부가 인위적으로 협동조합을 늘리려고 나선다면 또 다른 골칫거리를 만들어낼 뿐"이라는 자신들의 경고를 들먹이며 "내 이럴 줄 알았다"는 식의 보도를 쏟아부었다. 정부나 지방자치단체가 협동조합을 늘리려는 이유는 좀비기업을 양성하기 위해서가 아니다. 협동조합이나 사회적 경제는 우리 시대가 직면한 시장경제의 도전, 즉 사회를 경쟁적, 비인간적으로 황폐화하는 탐욕에 대한 응전이다.

'협동조합 90%가 좀비'라는 말은 우리가 사는 세상에서 신자유주의 경제의 이면에 활개 치는 뱀파이어들이 우리 사회를 온통 물화(物化)시킨 방증이 아니겠는가. 미국 사회학자 로버트 매키버(R. M. Maciver)의 말처럼 우리 시대가 필요로 하는 것은 인간적 삶에 본질적으로 필요한 가치를 확립하는 것이다. 바로 '타인에 대한 배려'라는 가치이다. 배려는 외친다고 이루어지는 것이 아니다. 배려할 수 있는 사회적 구조를 만들어야 한다. 이를 개인이 하기에는 너무나 힘겨운 일들이다. 의당 중앙정부나 지자체에서 그러한 토대를 만들어야 한다.

그러한 토대 위에 사회 구성원 각자는 세상의 사각지대를 줄이기 위해 협동조합 시각으로 세상을 바라볼 필요가 있다. 그 이유는 협동조합의 '다원성(plurality)'에서 찾을 수 있다. 협동조합은 소유주가 1인이나 소수가 아니라 사회 각계각층의 다수인이고, 그 구성원 모두가 이용하며 통제한다. 더불어 협동조합의 가치에는 '자유'를 명기하지 않았다. 이는 자유가 없다는 것이 아니라 자유보다 '평등'을 몸통으로 본다는 의미이다. 그리고 대내외적으로 '공정'의 기치를 내세운다. 그래서 협동조합의 시각으로 세상을 보면 소득 기준을 잣대로 배분을 가늠하는 사회에 소유기준의 세상을 보게 해준다. 나눔의 기준이 소득과 더불어 소유에서 출발해야 한다는 점을 일깨워준다.

출발점이 같을 때는 소득만으로도 나눔의 기준점으로 삼으면 문제되지 않는다. 하지만 오늘날 세상은 계층 간의 간극이 너무 벌어졌다. 우리 세상에 어둠의 사각지대에 머무는 이가 없도록 하고 선대

가 물려준 부를 고스란히 받은 자들의 '갑질'을 멈출 방법은 무엇인
지 곰곰이 되씹어 볼 때이다.

[인천일보 2015년 11월 6일, 경남도민일보 11월 3일 게재]

2. 협동조합 친친(親親)과 프라우트 경제체제

친친(親親)이란 마땅히 친해야 할 사람과 친함을 일컫는 말이다.
아이들은 형제, 부모와 친해져야 하고, 학생은 학급 친구, 스승 그리
고 학교와 친해져야 하고, 직장인은 동료, 선후배 그리고 회사와 친
해져야 하고, 군인은 전우와 부대 그리고 국가와 친해져야한다. 경
제인, 정치인들은 국민과 친해져야 한다. 그런데 당연히 친해져야
하는 대상들과 친하게 지내지 못하는 사람들이 늘어나고 있다.

가출하는 가족들, 폭행이 난무하는 가정들, 학교 친구들에 따돌림
당하여 자살하는 아이들, 학생의 뺨을 사정없이 내리치는 몰염치한
선생과 경찰서에 스승을 신고하는 해괴한 학교풍경, 자신의 이기심
에 동료를 낭떠러지로 내몰고 회사의 기밀을 기꺼이 경쟁사에 넘기
는 회사원들, 적에게 향해야 할 총구를 전우에게 마구 난사하는 얼
빠진 병사와 수조원의 국방예산을 연기로 사라지게 한 뇌물 꿀꺽 장
성과 장교들. 날이 갈수록 두툼해지는 자신의 속주머니를 보면서도
형평성보다 효율성만을 강조하는 자본가들, 선거철이면 자신의 간까
지 내놓을 듯 망설임 없던 위정자들의 함박웃음은 정치마당에 들어

서면 엷은 비소(誹笑)로 국민들 목소리에 답변한다.

왜 우리 사회는 날이 갈수록 팍팍해지는 걸까? 그 원인 중 하나는 열흘을 굶은 사람과 삼시 세끼를 꼬박 챙겨 먹는 사람의 도덕성을 동일하게 보려는데 있다. 다시 말해 경제적 여건이 불안정하면 도덕성을 실천하기 힘들다는 것이다. 주변을 돌아보자. 사회 전반에 절대적 가난과 상대적 결핍이 점점 깊게 번져나가면서 어버이가 자식을 사랑하고 자식이 어버이를 섬기는 근본적인 도리마저 무너지고 있다. 이처럼 가장 가까운 것을 소중히 하고 사랑하는 친(親)을 이루기 힘든 현실에서 인도 철학자 사카르의 프라우트(PROUT: Progressive Utilzation Theory, 진보적 활용론)에 주목할 필요가 있다.

프라우트 이론은 모든 사람이 삶을 영유함에 있어 음식, 의복, 보금자리, 교육 그리고 의료 등 최소한 필요한 것이 보장되고, 부의 집중을 견제하는 경제학이다. 쉽게 이야기하면 부와 소득의 상한선을 설정하고, 최저수준을 끊임없이 상향 조정하여 사회구성원 간 분배의 차이를 점점 줄여나가야 한다는 것이다. 그런데 우리 사회는 매년 최저임금제에 대해 합의는 하지만 최고임금제의 상한선에 대해 논의는 하지 않는다. 재능과 능력 그리고 사회 기여도가 큰 사람들에게 높은 임금이나 과실을 주는 것은 중요하다. 그러나 우리 사회 최하계층과 최상계층 간의 수십만 배의 빈부 격차가 가져오는 부작용 또한 되돌아 보아야 한다.

　　이를 해결하고자 프라우트 경제체제는 산업구조 재조정의 필요성을 강조하면서 고용을 최우선 정책과제로 삼는다. 그리고 생산의 목적은 자본축적을 위한 이윤 극대화가 아니라 소비 수요 충족을 위해 이루어져야 한다고 주장한다. 이러한 소비충족은 2가지 방향에서 이루어지는데, 먼저 주로 상업과 소규모단위 서비스사업은 개인이나 개인사업자의 사업을 통해 이루어지는데 이는 각 개인의 생산성이나 창의성을 보장한다. 대단위 사업이나 소규모 개인 사업이 일정 규모 이상으로 커지면 협동조합화 하는데, 협동조합은 주로 대규모 소비재 산업, 경공업, 대규모 농업을 담당하고, 해당 지역주민들이 직접 경영과 노동에 참여한다. 그리고 경제체제의 밑바탕을 지지해주는 규모가 큰 기간산업은 국가 관할 하에 둔다. 예를 들면, 동력자원, 중화학, 교통통신, 국방 등 다른 영역의 기초가 되는 가장 중요한 부문들이다.

　　이처럼 프라우트 경제체제는 세상의 모든 자원을 합리적으로 분배하고 최대한으로 활용한다. 그리고 협동조합을 그 중심에 두고 있기 때문에 당연히 친해야 할 사람과 친해지는 친친(親親)을 가능하게 한다. 가족을 사랑할 줄 아는 사람이 이웃과 친구, 제자와 스승, 동료와 선후배, 전우와 상사 나아가 국민을 사랑할 수 있다. 무너져가는 가장 작은 경제단위 '가족'의 도덕성을 부활시키고 강화시키는 프라우트 경제체제의 중심인 협동조합과 친친해야 할 때가 아닌가 싶다.

[전남일보 2015년 7월 23일 게재]

3. 굳이 협동조합을 하는 이유

협동조합기본법 시행 이후 2015년 4월 말 현재 7,000개가 넘는 협동조합이 생겨났다. 반갑고 환영할 만한 일이다. 하지만 이렇게 생겨나는 협동조합 대부분이 경제적 동인(動因)으로 생겨났다는 점에서 앞으로 이들 협동조합은 정체성에 대한 근본적인 물음을 겪어야 할 것이다. 다시 말해 "왜 회사방식을 따르지 않고 굳이 협동조합을 하느냐?"는 물음이다.

이 자문(自問)에 답하기 위해서는 협동에 대한 올바른 인식이 필요하다. 인간은 왜 협동할까? 최근 진화의 원리로 변이와 자연선택 이외에 '자연스러운 협동'을 인류 진화의 원동력으로 주장한 미국 하버드대학교의 노박(M.A. Nowak) 교수는 "협동이란 이기적인 복제자들이 서로 돕기 위해 그들 자신의 번식 가능성을 포기하는 것을 의미한다"라고 말하면서 경쟁을 함축하고 있는 자연선택에 협동의 메커니즘, 즉 혈연선택, 직접 상호성, 간접 상호성, 네트워크 상호성, 집단선택이 일어나지 않는다면 인류는 이처럼 진화하지 못했을 것이라는 점을 수학적으로 증명했다.

이 중 혈연선택은 친족 간 유전자 공유도, 즉 근친도가 높을수록 이타적 행위가 일어나는데, 이는 자신을 포함하여 자신과 유전적으로 가까운 유기체의 유전자가 다음 세대로 전달될 가능성을 높이는 행동이나 효과가 종합적으로 고려된 이기적 유전자의 결과이다.

우리가 주목해야 할 부분은 '상호성'이다. '인간은 이타적인가 아니면 이기적인가?'의 질문에 노박 교수는 '인간은 상호 호혜적이다'라고 답한다. 이는 서로 도와 편익을 주고받는 것을 말한다. 즉, 서로 '연대'하고, 주고받을 때는 '평등'하고, '공정'해야 한다는 뜻이다. 이를 위해 그 조직구조나 사회적 네트워크는 '민주주의'를 바탕으로 해야 한다. 또한 노박 교수는 협동은 의무적일 때보다 자발적일 때 강력한 움직임을 가진다고 역설했다. 이 '자발적'이라는 말은 협동조합의 정의인 '자발적으로 결합한 자율적인 결사체'에서도 보듯 스스로 돕겠다는 '자조'의 정신에서 출발한다. 그렇게 해야만 행위의 결과나 결정에 대한 '자기 책임'을 가질 수 있다. 이처럼 협동조합은 자조, 자기책임, 민주주의, 평등, 공정, 연대의 가치를 밑바탕으로 협동을 구현해야 한다.

이와 더불어 올바른 협동조합을 구현하기 위해 협동조합 구성원은 단순히 힘을 모아 서로 돕는 '협력의 단계'를 넘어 '협동의 단계'로 나아가야 한다. 왜냐하면 협동이란 서로 마음과 힘을 합한다는 뜻이다. 힘을 합하기 위해서 마음가짐이 중요하다는 의미이다. 다시 말해 협동조합 구성원은 정직(正直), 즉 거짓·허식이 없이 마음이 바르고 곧아야 하고, 구성원 간에는 공개(Openness), 즉 스스로 열린 마음에서 시작된다는 말이다. 이렇게 해야 타인에 대한 배려와 사회적 책임도 실천할 수 있다.

정리하면 협동조합 구성원은 정직, 공개, 타인에 대한 배려, 사회적 책임의 가치를 가슴에 지녀야 한다.

조직의 생존은 그 조직이 어떤 가치를 갖는지, 혹은 핵심가치를 지니고 실천하는 사람들을 얼마나 많이 보유하고 있는지에 따라 그 조직의 생존 가능성이 달라진다. 그 뿐만 아니라 그 조직의 가치가 퍼져나갈지 아니면 사라질지가 결정된다. 이러한 맥락에서 협동조합의 오랜 역사에도 불구하고 협동조합이 희귀한 이유가 협동이 무엇이고, 협동조합과 그 구성원이 지녀야 할 가치들이 간과되거나 희석되었기 때문은 아닌지 곰곰이 되짚어보아야 할 때이다.

[경남도민일보 2015년 6월 3일 게재]

4. 협동조합과 다이아몬드

지난 2012년 12월 협동조합기본법이 발효된 이후 4,400여 개의 다양한 협동조합이 신고·수리됐다. 단지 8개 개별법에 따라 설립된 협동조합이 있던 시절과 단순비교하면 무려 550배가 늘어났다. 가히 협동조합시대다. 그런데 이토록 많은 협동조합 설립 숫자 증가에도 불구하고 우려의 목소리 또한 그 숫자만큼이나 높아가고 있다. 그 원인은 뭘까?

달을 보라고 손을 들어 가리켰더니 손가락만 본다는 견지망월(見指忘月)이다. 본질을 외면한 채 지엽적인 것에 집착한다는 뜻이다. 굴러다니는 돌덩어리보다 다이아몬드를 좋아하는 이유는 값어치(가치)가 높기 때문이다. 다시 말해 '다이아몬드=돌 + 값어치(가치)'라는 공식이 성립한다. 이 공식에 협동조합을 대입하면 '협동조합=조직체 + 가치'이다.

이처럼 협동조합은 여느 단체처럼 조직체이다. 그래서 협동조합이 이 시대에 빛나는 이유는 협동조합이 가지고 있는 '가치' 때문이다. 협동조합이 지니고 있는 다양한 가치 중에서 가장 본질적인 가치는 그 구성원이 가져야 하는 가치, 즉 '정직'과 '공개'이다. 왜 협동조합은 정직과 공개를 가장 중요한 가치로 내세우는 걸까?

이들 가치는 협동조합 원산지인 영국 맨체스터나 스페인 몬드라곤에서 찾을 필요 없다. 2500년 전 협동조합의 근본을 묻는 질문이 있었다. '근본이 바로 서야 길이 열린다'는 본립이도생(本立而道生)에서 도(道)에 대한 질문이다.

공자에게 증자와 제자들은 "선생님의 도(道)는 무엇입니까?"라고 물었다. 공자는 '일이관지(一以貫之·한 이치로 모든 일을 꿰뚫음)'라고 답하며 문밖을 나선다. 제자 중 증자만이 그 뜻을 깨닫고 고개를 끄덕였다. 그리고 어리둥절해 하는 제자들에게 증자는 공자의 도(道)가 충(忠)과 서(恕) 임을 알려준다.

바로 충(忠)과 서(恕)가 협동조합의 정직과 공개이다. 정직이란 거짓말을 하지 않는다는 의미를 넘어 올바르고(正) 곧은(直) 마음이다. 충(忠) = 가운데 중(中) + 마음 심(心). 내 마음 가운데 협동조합이라는 조직체가 올바르게 정립되면, 온 마음을 다하는 충(忠)이 생긴다는 뜻이다.

또 공개란 타인에게 단순히 사업내용을 알리는 차원이 아니
라 협동조합을 함께 하고자 하는 타인에 대한 자세, 열린 마음
(openness[35])이다. 다시 말해서 서(恕) = 같을 여(如) + 마음 심(心).
타인의 마음을 내 마음과 같이 여기는 역지사지의 정신이다.

이러한 '정직'과 '공개'라는 가치가 협동조합 밑바탕에 구축돼야 사
회적 경제를 달성하는 사업조직체로 발전될 수 있다.
협동조합 신고절차를 마치고 설립등기를 하지 않거나 설립등기를
마친 후에도 사업을 벌이지 않는 협동조합이 늘고 있다. 그 이유의
대부분이 뚜렷한 사업 구상도 없이 정부 지원금을 바라고 설립된 탓
이다.

올바른 협동조합문화가 조성되기 위해서는 정부의 지원정책에 앞
서 협동조합의 가치, 자조·자기 책임·민주주의·평등·공정·연
대·정직·공개·사회적 책임·타인에 대한 배려 등 협동조합이 추

---

35) 학습조직이론의 창시자로 알려진 피터 센게(Peter Senge) 교수는 『제5의 경영』에서 조직의 비전
과 관련하여 개방성(openness)을 참여적 개방성(participative openness)과 사색적 개방성(reflective
openness)으로 구분하였다. 참여적 개방성은 중요한 이슈에 대하여 솔직하고 정직하게 말하는 규범을
말하고, 사색적 개방성은 자기 생각에 대해 계속하여 의문을 품고 질문할 수 있는 개방성이라 하였다.
이러한 개방성을 중요 한 이유는 '일반적으로 비전고- 함께 개방성이 없이는 대부분 조직에 깊숙이 뿌리
박힌 게임플레이를 무너뜨리는 것이 불가능하기 때문이다.'라고 지적했다. 협동조합이라는 조직적 차원
에서 보면, 협동조합의 구성원이 바르고 곧게 말하는 자신 스스로 가지는 마음가짐, 즉 '정직'이 참여적
개방성이라면, '공개'는 구성원 상호 간의 소통차원에서 나의 주장이나 생각만이 옳다는 고집된 마음을
버리는 사색적 개방성과 연결할 수 있다.

구하는 가치에 대한 인식이 우선해야 한다.

[인천일보 2014년 4월 30일 게재]

5. 올바른 협동조합 안착을 위하여

2013년도 마지막 분기를 남겨놓고 있다. 마무리는 출발점에서 꿈꾸던 희망점의 실현이다. 올해 우리가 희망했던 우리 사회의 모습은 무엇이었나? 이를 단적으로 표현한 것이 올해의 사자성어, 바로 제구포신(除舊布新)이다. '묵은 것을 버리고 새로운 것을 펼친다'는 이 짧은 네 글자가 우리가 가야 할 방향을 함축적으로 표현하고 있다.

우리는 폭력, 부패, 차별, 빈부 격차 등 부정적 사회요인들을 버리기 위해 성폭력, 학교폭력, 가정폭력, 불량식품과 같은 '4대 악 척결'과 더불어 불평등, 불공정을 극복하고, 사회 계층 간의 신뢰를 구축하는 '사회적 경제'를 새롭게 펼치고 있다. 특히 새로운 경제적 대안으로 주목받고 있는 사회적 경제의 대표적 사례가 협동조합이다. 지난해 12월 협동조합기본법이 발효된 이후 9개월 만에 무려 2,388개의 다양한 협동조합이 생겼다.

이 시대의 새로운 비전으로 부각되는 협동조합운동은 부와 생산의 과도한 집중과 그에 따른 빈부 격차, 자본의 인간소외, 농촌 및 환경 파괴 등 우리 사회의 심각한 문제들을 해결해주는 해법으로 등장했다.

그런데도 일각에서는 협동조합 붐에 대한 우려의 목소리가 들리기 시작한다. 왜 그럴까? 그 까닭은 크게 두 가지 양상으로 나타났다.

첫째, 일부 지자체가 협동조합을 몇 년 이내 몇백 개를 만들겠다는 등 의도적으로 협동조합을 생성시키려 하기 때문이다.

이는 협동조합은 일반 영리조직과는 달리 경영체적 성격뿐만 아니라 이념적인 운동체적 특성을 간과한 탓이다. 협동조합은 자주, 자립, 자치의 정신에 입각해 자생적으로 생겨나야 한다. 이러한 3대 정신은 협동조합의 근본이며 협동조합의 정체성이다. 협동조합은 아무리 좋은 경영적 성공전략을 가지고 있다고 하더라고 협동조합이 추구하는 가치나 원칙이 지켜지지 않는다면 협동조합의 정체성은 표류하고 만다.

둘째, 일부 지자체의 적극적인 지원과는 달리 중앙정부는 다소 소극적인 태도를 보인다. 최근 보조금을 빼먹기 위해 설립하는 가짜 협동조합의 난립에 대한 방지책으로 직접적인 재정지원이나 지자체의 협동조합 출자에 대해 다소 부정적이다.

이러한 정부의 태도에 일견 공감하지만, 자칫 자생적으로 일어나려는 협동조합의 의욕을 잃게 하는 요인이 돼서는 안 될 것이다. 협동조합은 상대적 약자가 더 큰 힘을 발휘하기 위해 뭉친 조직이다. 따라서 정부의 재정적 지원은 필수적이다. 대부분의 나라에서 정부는 협동조합을 도와준다. 그러므로 상대적 약자의 결사체인 협동조

합에 각종 보조금 지원이나 세제 혜택 등의 지원정책은 지속적으로
수반돼야 한다.

하지만 협동조합에 대한 지자체나 정부의 지원정책은 협동조합
의 자율성을 해치지 않는 범위 내에서 이뤄져야 한다. 이러한 우려
의 목소리들을 불식시키기 위해서는 무엇보다 공동의 신뢰를 토대
로 하는 협동조합문화의 조성이 중요하다. 다시 말해 올바른 협동조
합의 안착은 자조, 자기 책임, 민주주의, 평등, 공정, 연대, 정직, 공
개, 사회적 책임, 타인에 대한 배려 등 협동조합이 추구하는 가치에
대한 인식이나 공감대 형성에서 출발해야 한다.

[경남신문 2013년 9월 30일, 전북일보 9월 25일 게재]

6. 지역사회에서 협동조합을 해야 하는 이유

협동조합기본법이 시행된 지 한 달 만에 지방자치단체와 중앙부처
에 들어온 협동조합 설립신고와 사회적 협동조합 인가신청 건수는
130여 건에 이른다. 더욱이 각 지자체는 협동조합 육성 조례안 제정
을 추진하고 있다. 바야흐로 협동조합시대가 열렸다.

그런데 한편에서는 협동조합설립의 근본정신이나 목적을 왜곡한
채 우후죽순처럼 늘어나지 않을까 하는 우려의 목소리가 있다. 일부
돈을 벌기 위해 협동조합을 만드는 것이 전혀 틀린 말은 아니지만,

협동조합을 해야 하는 이유의 정점이 돈벌이라면 본말이 전도된 것
이다.

돈을 벌려면 기업경영이 협동조합을 만드는 것보다 수익률 측면이
나 성공률 측면에서 더 나을 것이다. 왜냐하면 우리가 사는 세상은
아직 자본이 자본을 축적하는 시스템이기 때문이다. 그런데 지역공
동체에서 협동조합을 해야 하는 이유는 첫째, 협동조합은 '사회자본'
을 증가시킨다.

사회자본(social capital)이란 이웃들과 상호교류하면서 공동체의
화합, 협조와 연대를 가능토록 하는 것이다. 사회자본이 높은 공동
체일수록 더욱 건강하고 활력이 있으며, 지역 현안 해결에 구성원들
의 참여비율과 협력이 더 높은 것으로 나타났다. 거대기업그룹의 대
형마켓들이 아닌 작은 소점포들이 모여 큰 규모 협동조합을 구성해
야 하는 이유가 여기에 있다.

이뿐만 아니라 경제 자본(economic capital)의 관점에서도 지역
경제와 더 밀접한 관계를 맺고 있는 것은 지역상점이다. 대형마켓이
지역의 돈을 빨아들여 본사나 해외로 보내는 깔때기 역할을 하는 것
과는 달리 지역상점은 지역자본을 외부로 유출하지 않는다. 지역에
돈을 머무르게 하고 다시 유통해 지역경제를 선순환 시킨다.

둘째, 협동조합은 사회적 취약계층이나 소외계층에게 사회가 필

요로 하는 일을 줌으로써 수혜자이면서 동시에 제공자의 관계로 변화시킨다. 이번에 시행된 협동조합기본법 제4장 '사회적 협동조합'의 조합원개념 정립과 범위를 확장한다면 이들 사회적 취약계층을 의존적인 복지수혜자의 입장, 즉 '일방적 수혜'를 받는 입장에서 서로 혜택을 주고받는 '상호호혜적 관계'로 변화시킬 수 있다. 이러한 사회적 관계가 형성되면 지역공동체 관계 및 의식은 더욱 강화될 것이다.

셋째, 협동조합은 지역자원을 활용한다. 협동조합의 대표적인 성공사례인 스페인의 몬드라곤 협동조합에서 보듯이 지역 생산물 소비운동을 가능하게 한다. 지역주민들이 협동조합네트워크를 통해 수입품을 사용하는 대신에 그 지역에서 생산한 식품과 생산물을 소비한다. 지역 생산물 애용운동은 지역경제 활성화의 출발점이다.

그렇다면 과연 협동조합으로 지역공동체를 살리는 근본정신은 무엇일까? 그 해답은 '영혼이 없는 인간을 가정한 경제학에는 관심이 없다'고 한 영국의 사회사상가 러스킨(John Ruskin)의 '정의의 균형'에서 찾을 수 있다. 그가 말하는 '정의'라는 단어는 한 사람이 타인을 향해 품는 '애정'을 내포하는 의미이다. 쉽게 말해 모든 이해관계를 떠나 순수한 동기로 호의를 베풀면, 상대도 호혜적인 행위를 보인다는 얘기다.

우리는 '민주', '평등', '배려', '자기 책임', '사회책임', '연대', '정직'

등 지역공동체를 살리는 그 의미를 협동조합에서 발견할 수 있을 것
이다.

[전남일보 2013년 1월 25일, 경남도민일보 1월 16일,

제주일보 1월 14일 게재]

7. 협동조합, 새로운 시대의 비전이다

'자신은 어떠한 지적(知的)영향도 받지 않는다고 자부하는 현실적
인 사람도 실은 이미 사망한 어떤 경제학자의 정신적 노예에 불과하
다'는 경제학자 케인즈의 말처럼 우리가 살고 있는 자본주의라는 시
장경제체제와 사상에 구속되며 살아가고 있다. 우리 시대의 비전인
자본주의는 공산주의를 이겼다. 그런데 그 승리의 기쁨을 채 만끽하
기도 전에 흔들리기 시작했다. 바로 소득불균형에 따른 사회적 갈등
이다.

통계청에 의하면 2011년 우리나라 빈곤율은 총인구의 16.5%로 6
가구 중 한 가구는 빈곤층이다. 이는 빈곤율 8%를 보였던 1990년대
보다 두 배 이상 증가한 수치다. 이처럼 빈곤층이 늘어나는 이유는
신자유주의적 경제체제의 분배구조가 악화하면서 빈익빈 부익부 현
상이 심해졌기 때문이다. 우리 사회는 새로운 경제체제, 즉 새로운
비전을 요구하고 있다. 강자의 시장지배를 견제하고 소외계층 등의
경제력 육성으로 양극화를 해소하는 그런 경제시스템이 필요하다.

그런 점에서 협동조합주의가 시장자본주의의 한계를 극복할 수 있는 새로운 비전으로 등장한 사실은 환영할 만하다. 사실 협동조합은 2008년 금융위기를 거치면서 주목받기 시작했고, 이미 우리 사회 전반에 영향력을 끼치고 있다.

2010년 통계에 따르면 우리나라에는 대략 4,100개 협동조합과 2,500만 명의 조합원이 있다. 더욱 놀라운 사실은 이들 조합의 자산총액이 약 378조 원으로 2011년 국가예산액의 1.7배나 된다는 사실이다. 그런데 일반인들의 인식에 협동조합이 제자리를 잡지 못한 이유는 협동조합을 하나의 '경제체제'라는 개념이 아니라 단순히 '사회조직'으로 인식되기 때문이다.

지난 2012년 12월 1일로 협동조합기본법이 시행되었다. 이제 5인 이상이 모이면 누구나 협동조합을 만들 수 있다. 물가상승을 막고, 안정되고 좋은 일자리를 창출해서 지역경제의 튼튼한 버팀목으로 협동조합이 그 역할을 할 제도적 장치가 마련되었다. 그러나 협동조합이 경제체제로 실효를 거두려면 극복해야 할 과제들이 있다. 그중에서 무엇보다 우선되어야 하는 것이 협동조합에 대한 홍보와 교육이다. 협동조합기본법제정 이후 과거보다 협동조합에 대한 이해교육이 많아진 것은 분명 사실이다. 하지만, 대부분이 새로운 사업방식을 찾는 일반인이나 도시민 중심의 교육이었다.

협동조합기본법 제1조(목적)가 표명하는 사회통합과 국민경제의 균형발전을 위해서는 누구보다도 먼저 협동조합교육을 받아야 하는 사회계층이 있다. 바로 혼자서 자생할 능력이 없는 취약계층과 소외 계층이다. 이들은 기본법에서 표명하는 자주·자립·자치적으로 협력하는 조직을 구축하기에 어려운 계층이다. 그렇다고 이들을 배제한다면 진정한 사회적 통합은 이룰 수 없다. 특히나 지역사회 재생, 지역주민 권익증진사업, 취약계층의 복지·의료·환경 사회서비스, 일자리 제공 등을 주 사업으로 하는 사회적 협동조합에는 필히 이들 소외계층이나 취약계층 등이 참여할 수 있도록 조합원 개념 정립과 범위를 확장할 필요가 있다.

협동조합이 제대로 안착하기 위해선 각종 보조금 지원과 세제 혜택에 대한 국가 및 지자체의 지원정책이 수반되어야 한다. 왜냐하면, 협동조합은 엄연히 '사회조직'인 동시에 '시장경제조직'이기 때문이다. 이제 함께 성장하고 함께 나누는 새로운 비전, 협동조합이 뿌리 깊게 자리 잡을 수 있도록 우리 모드 힘써야 할 때이다.

[부산일보 2013년 1월 11일, 경남도민일보 1월 8일,

한라일보 1월 6일 게재]

8. 지역경제 살리는 방법 '사회적 경제'

국민의 생활이 안정되려면 좋은 일자리가 있어야 한다. 그런데 현실은 심각하다. 더욱이 일자리의 지역별 편차는 더 크게 일어나고 있

다. 지역경제를 살리기 위해 기업유치에 안간힘을 쓰는 지방자치단체들의 활동을 보면 눈물겨울 정도다. 그나마 기업 본사를 유치하는 경우는 다행이다. 만약 서울에 본사를 둔 기업을 유치할 경우에는 표면적으로 지역경제에 도움을 주는듯하지만, 그 이면을 자세히 살펴보면 지역경제순환시스템의 걸림돌로 작용한다. 왜냐하면 이런 기업은 지역자본을 빨아들여 본사로 보내는 깔때기 역할을 하기 때문이다.

시·도 단위별 생산, 소비, 물가 등 기초통계를 바탕으로 얼마만큼의 부가가치가 발생했는지를 나타내는 종합경제지표인 지역내총생산(Gross Regional Domestic Product)을 살펴보면 2010년 기준으로 16개 시·도의 GRDP는 1,173조 원이다. 그중 서울(272조 원), 경기(232조 원), 인천(57조 원) 등 수도권이 전체 GRDP의 47.8%를 차지하고 있다. 우리나라 경제 2분의 1 정도가 수도권에 집중되어 있다. 사실 GRDP에 나타나는 계수는 단순히 그 지역에서 발생한 소득의 집계다. 가령 서울에 거주하는 사람이 지방에서 근무할 경우 그가 일하는 직장에서 생산하는 재화와 용역은 서울이 아닌 근무하는 지역의 GRDP로 계상된다.

그렇다면 지역에 돈을 머물게 하기 위해선 어떻게 해야 할 것인가? 각종 지원과 혜택에도 불구하고 이해타산이 맞지 않으면 냉정히 떠나는 기업들만 탓하고 있을 순 없다. 기업은 이윤이 나지 않으면 떠난다. 그것이 기업의 생리다.

경제적인 이윤보다 일자리를 창출하면서 지역공동체의 이익을 목적으로 하는 경제시스템은 없을까? 외환위기 이후 시장이나 정부 실패의 대안으로 논의되기 시작한 것이 바로 사회적 경제(Social Economy)다. 사회적 경제는 미국발 금융위기로 세계적인 관심을 받았다. 왜냐하면 사회적 경제 조직 중 하나인 협동조합은 시장 변동에도 불구하고 안정적 서비스 제공뿐만 아니라 조직 구성원의 감원조치 없이 고용을 유지했다. 이러한 맥락은 유엔(UN)이 2012년을 세계협동조합의 해로 지정한 것과 무관하지 않다. 사회적 경제의 핵심은 '자본 중심' 경제가 아니라 '인간 중심' 경제다. 그런 까닭에 사회적 경제는 지역사회에 몸담고 사는 모든 사람을 위한 경제를 실현할 수 있다.

지역자본은 지역에서 순환되어야 한다. 이제 일자리를 찾아 떠나는 사람들의 걸음을 멈추게 하고, 지역경제의 선순환 시스템을 만들기 위해서는 지역사회 스스로 비즈니스를 창출하는 사회적 경제시스템을 만들어야 한다. 그렇게 하기 위해서는 무엇보다 참여와 연대, 호혜와 민주적 의사결정을 기본원칙으로 하는 사회적 경제에 대한 지역민의 공감대 형성이 중요하다.

[전북일보 2012년 12월 25일, 강원일보 10월 24일,
경남도민일보 10월 17일 게재]

9. 성장과 분배의 해법, 협동조합에서 찾자

1980년대 말 자본주의는 공산주의를 이겼다. 미국의 정치경제학자 프랜시스 후쿠야마는 자본주의의 승리로 더 이상의 변증법적 작용이 일어나지 않는다고 지적하면서 이를 '역사의 종말'이라 불렀다. 오늘날의 자유경쟁 시장은 인류가 지금까지 발견한 참여민주주의를 달성할 수 있는 유일한 메커니즘으로 인식됐다.

1월 25일 스위스 다보스포럼에 참석한 미국의 억만장자 조지 소로스는 부자들이 세금을 더 내지 않으면 소득불균형에 따른 사회적 갈등으로 폭동이 일어날 것이라고 경고했다. 이러한 빈익빈 부익부 현상의 사회적 갈등은 선진국으로 갈수록 심해진다. 미국은 30년 전에 비해 부자들의 소득비중이 3배 정도 더 늘어나 소득계층 상위 1%가 전체 소득의 24%를 차지하고 있다.

직업과 소득보장에 대한 목소리가 커질수록 실업과 소득 격차가 더욱 심해지는 이유는 뭘까? 솟값은 내리는데 한우식당 등심값은 내리지 않는 이유가 그 답이다.

이는 단순히 유통체계의 문제를 넘어 성장과 분배시스템이 제대로 작동되지 않기 때문이다. 성장과 분배의 균형이 무너지면 가진 자가 더 많은 것을 가질 수밖에 없는 구조로 사회는 변한다. 이러한 승자독식의 사회에 일어나는 부조리 현상들은 참으로 다양하다.

어느 신문 1면을 장식한 '선진국은 성장을 통해 고용을 창출하는 데, 한국은 분배를 위해 역주행한다'는 내용은 다양한 사회계층의 시각을 간과했다. 재벌기업도 전통적 골목 시장인 빵 가게나 순대 시장에 진출할 수는 있다. 시장주의의 윌리는 최소한의 비용으로 최대한을 생산하는 것이다. 그런데도 '분배'가 '성장'보다 더 많이 갈구되는 사회 분위기는 뭘 말하고자 하는 것일까?

소수의 이익만이 아니라 모두의 이익을 챙길 방안이 필요하다. 자본주의를 버릴 수 없다면 돈을 벌기 위해 고용하는 것이 아니라, 고용하기 위해 돈을 버는 사회적·공익적 조직으로 자유경쟁시장의 분배와 성장의 해법을 찾아봄은 어떨까?

2009년 노벨경제학상 수상자인 엘리너 오스트롬 교수는 『공유의 비극을 넘어』에서 협동조합을 경제민주주의의 대안으로 제시했다. 분명 사회적·공익적 성격을 가진 협동조합은 자본주의 시장경제의 좋은 대안이다. 지난 2011년 12월 29일 '협동조합기본법'이 국회를 통과해 2012년 12월부터는 5명만 모이면 협동조합을 설립할 수 있다. 올해는 UN이 정한 '세계 협동조합의 해'이다. 성장과 분배의 경제 해법을 협동조합에서 찾아보자. 빈부 격차가 더욱더 심화해 성장과 분배의 균형을 이루지 못한다면 20여 년 전 죽었던 공산주의 망령이 무덤 속에서 우리를 비웃을지도 모른다.

[농민신문 2012년 2월 13일 게재]

1. 10만 농심(農心)설

어느 날, 국방을 책임지고 있던 율곡 이이는 왕을 찾아가 "나라가 오랫동안 태평하다 보니 군대와 식량이 모두 준비되어 있지 않습니다. 오랑캐가 변경을 소란하게만 하여도 온 나라가 술렁입니다. 지금대로라면 큰 적이 침범해 왔을 때 어떤 지혜로도 당해 낼 수 없을 것입니다"라 하였다. 이것이 바로 그 유명한 '10만 양병설'의 첫머리다.

어느 날, 식량을 책임지고 있던 농부가 국민에게 "나라가 오랫동안 번성하다 보니 우리 농산물로 자급자족하기가 어렵습니다. 몇몇 나

라의 곡물 생산량이 약간만 요동쳐도 온 나라가 술렁입니다. 지금대
로라면 식량을 무기로 대규모 외국산 농산물이 침범해 왔을 때 어떤
지혜로도 당해 낼 수 없을 것입니다”라고 부르짖는다. 이것이 바로
작금의 ‘10만 농심 운동’의 출발이다.

농심 운동은 농업인에게 새로운 희망을 솟게 하는 농업의 마음이
며, 도시민에게 따뜻한 고향을 품게 하는 농촌의 마음이다. 아울러
그 속에는 사람들 상호 간에 나눔의 세상을 약속하는 농부의 마음이
담겨있다. 농심이란 계절의 되먹임에도 불구하고 붐을 일으키는 봄
을 창조시키는 마음이다. 다시 말해 멈추지 아니하고 다시 돌아오는
봄에 농부는 생명을 깨우고, 희망을 솟게 한다. 붐비는 세상에 봄비
가 떨어지는 날이면 농부는 들녘 가장자리에서 서서 나눔의 삶을 생
각한다. 삶은 단순히 살아가는 것만을 의미하지 않다는 사실을 알기
때문이다. 삶은 ‘살다’와 ‘삼다’가 함께 어울려야 한다. 그래서 멀어져
가는 님의 뒷모습을 봐야 할 때도, 삼을 만한 가치를 발견하기 어려
운 현실에도 나눔을 향해 묵묵히 들판으로 뚜벅뚜벅 나가 쟁기질을
멈추지 않는다. 이것이 바로 농심이다.

어쩌면 가을에 고개 숙이는 숙성된 곡식과 달리 반짝 고개 숙이는
사람들의 ‘숙임의 속임’에도 아랑곳하지 않고 생명 에너지 생산을 멈
추지 않는다. 그 까닭은 “농민은 인류의 생명 창고를 그 손에 잡고
있습니다. 우리 조선이 돌연히 상공업 나라로 변하여 하루아침에 농
업이 그 자취를 잃어버렸다 하더라도 이 변치 못할 생명 창고의 열쇠

는 의연히 지구 상 어느 나라의 농민이 잡고 있을 것입니다"라고 외치는 매헌 윤봉길 의사의 결연한 목소리를 농심이 담고 있기 때문이다.

10만 양병설이 받아지지 아니한 이유는 통신사로 일본을 살피고 온 김성일이 함께 갔던 황윤길과는 달리 "두려운 것은 섬나라 도적이 아니라 민심이다. 민심을 잃으면 성(城)과 무기가 무슨 소용이 있겠는가?"하며 전쟁 준비에 반대하였다. 여기에 대부분 사람들이 공감하였기에 10만 양병은 실행되지 못했다.

최근 10년 단위로 100만 명씩 감소하는 농민의 수가 반영하듯 농업에 대한 민심은 날로 약해지고 있다. 이러한 상황에서 민심이 없는 10만 농심 운동이 확산하기란 쉽지 않을 것이다. 지속 가능한 세상을 만들려는 농심운동이 성공하기 위해선 무엇보다 농업·농촌·농민의 절박함에 대한 범국민적 공감이 선행되어야 한다.

누군가 세상에 대한 통찰력은 문사철(文史哲)에서 출발한다고 했다. 오늘을 살고 내일을 살기 위함이 문(文)과 철(哲)이라면 이를 밑바탕에는 역사의 가르침이 있다. 10관 양병설이 받아들여지지 않아 엄청난 고통을 겪어야 했던 선조들의 아픔에 대한 교훈을 되새겨 보아야 한다. 농부의 봄을 기다리는 국민적 붐이 일어나길 기대해본다.

[전남일보 2016년 6월 6일, 인천일보 2016년 5월 11일 게재]

2. 응답하라 2016 농업

인간은 신(神)과는 달리 시공간에 구속된다. 하지만 현재 자신의 모습에서 미래를 그려낸다. 농업인들은 2016년이 2015년보다 더 나은지를 알기 위해 농업전망대회에 모였다. 세계화라는 거대한 바퀴와 맞물려 돌아가는 우리 농업은 한국경제뿐 아니라 세계 경제라는 대외여건변화 속에서 파악된다. 따라서 세계 경제와 한국경제를 먼저 살펴봐야 한다. 2016년 세계 경제예보는 맑음과 흐림이 교차한다. 다소 국가별 차이는 있지만, 선진국은 맑음으로 예상되고, 신흥국은 흐리고 심지어 폭풍전야의 기운이 맴도는 나라도 있다. 한국경제의 2015년 성적표는 과목별로 다르게 나타났다. 표면적으로 경제성장은 성장 제약, 소비는 완만 성장, 물가는 확대, 노동시장은 고용증가, 금융 및 환율은 상승, 무역수지는 흑자이다. 특히 흑자라는 기분 좋은 동향으로 우리 경제를 낙관할 수는 없다. 왜냐하면 수출이 잘되어서 나온 흑자가 아니라 수출 상승 폭보다 수입 상승 폭이 대폭 감소함으로써 생긴 흑자이기 때문이다.

한국농업전망은 어떠할까? 2015년 농업생산액은 전년보다 0.8% 증가한 45조 2,670억 원으로 추산되고, 2016년에는 기상이변 및 가축 질병 등 특이사항이 없을 때 농업생산액은 전년보다 3.3% 감소한 43조 7,950억 원이 될 전망이다. 또한 2016년 농축산물 총 수입액 현황을 보면 총 수출액이 2.1% 증가 예상되나 총 수입액이 250억 달러로 전년 대비 0.8% 증가하여, 무역수지는 전년 대비 0.4%

감소, 192.3억 달러로 2015년에 이어 연속적으로 적자가 실현될 것으로 전망된다. 이러한 농축산물 생산액 감소와 수입액 증가 추세는 국내 농산물 소비 성향과 연관을 가진다. 1995년 이후 쌀을 포함한 국내 곡물류, 채소 및 과일은 감소하는데 오렌지 및 열대 수입과일과 육류소비가 증가하면서 농가 판매가격의 하락을 부추기고 있다. 더욱이 호당 농업경영비 비중이 1995년 34.6%에서 2014년 68%까지 증가하면서 농업소득을 지속적으로 감소시키고 있다. 2016년에는 판매 가격지수가 1.9% 상승하고, 구입 가격지수가 1.0%로 감소하여 농가교역조건이 2.9%로 다소 개선될 것으로 전망되지만, 중장기적으로 농가 구입가격지수의 상승 폭이 판매 가격지수의 상승 폭을 상회하여 지속적으로 농가교역조건은 악화할 전망이다. 또 자급률은 어떠한가? 시장개방 확대로 재배업자급률은 2000년 55.6%에서 2015년 43.8%로 감소하였고, 이러한 추세로 나간다면 2020년에는 37.6%, 2025년에는 35.1%로 감소할 전망이다.

한마디로 2016년 농업전망은 흐림. 짙은 구름이 가득하다. 그런데 농업인을 더욱 우울하게 만드는 다른 이유가 있다. 그것은 '식량은 외국에서 사다 먹는 것이 이득이다'라는 비교우위론에 입각한 단순논리로 식량이 가지는 경제적·사회적 중요성을 고려하지 못한 인식들이 일부 국민 속으로 파고드는 것이다. 이는 국제곡물시장의 속성을 제대로 파악하지 못한 데서 나온 오해이다. 국제곡물시장은 농산물 공급이 조금만 변해도 가격이 크게 요동치는 특징을 가진 엷은 시장(thin market)이다. 다시 말해 언제든지 돈만 있으면 구입할 수

있는 시장이 아니라는 점을 알아야 한다. 최근 세계 농산물 수출국
은 일정물량 이상으로 농산물 수출을 제한하는 수출 쿼터 등으로 곡
물 수출제한 조치를 하고 있다. 한국의 곡물 자급률 24.0%(2014년
기준)인 현실을 고려한다면 식량안보에 대한 중요성에 대한 국민적
공감대가 어느 때보다 필요해 보인다.

이러한 맥락에서 따뜻한 태양을 가리고 있는 짙은 구름이 사라지
기를 염원하는 것이 농업인만이어서는 안된다. 흐린 날씨를 만든 짙
은 구름, 즉 우리 농업의 진로를 막고 있는 두꺼운 장벽을 무너뜨려
야 한다. 우리 모두가 외치는 '농업사랑' 바람이 필요하다. 농업사랑
은 농업의 다원적 가치에 대한 전 국민의 올바른 이해와 공감대에서
출발한다. 어쩌면 농업인의 염원과 절규에 온 국민이 따뜻한 응답을
보낸다면 2016년 농업전망은 급변하는 농업·농촌에 멋진 내일을
기획할 수 있도록 하지 않겠는가?

[강원일보 2016년 5월 25일, 전남일보 4월 19일,
인천일보 2월 26일 게재]

3. 슬픈 농심(農心)

3년 전 귀농 교육생들과 함께 대구에 소재하는 농기계회사를 방문
한 적이 있다.

점심을 마친 후 구내식당 옆 휴게실에서 차를 마시는 동안 벽면에

걸려있는 큼직한 현수막이 눈에 들어왔다. 현수막에는 백세건강비법 '1:10:100:1,000:10,000'이라 적혀 있었다. 그 의미는 '하루에 1가지 이상 선행을 하고 10번 이상 웃으며 100자 이상 쓰고 1,000자 이상 읽으며 10,000보 이상 걷자.'는 뜻으로 하루를 의미 있고 보람차게 살자는 내용이었다.

당시 이를 본 어느 교육생이 "1은 하루에 한 가지 이상 선행하고, 10은 열 명 이상을 만나고….'라고 하자, 또 다른 교육생이 "하루에 1번 똥 싸기, 10번 웃기, 100번 쓰기, 1,000번 읽기, 10,000번 걷기를 해야 백 세까지 건강하게 산다는 말이야!"라며 '똥누기'를 '똥싸기'로 완곡하게 표현해 주변을 한바탕 웃게 했다. 이처럼 10의 거듭제곱 숫자에는 다양한 의미를 붙인다.

3월은 사람들이 꽃 보는 일로 시작하는 봄 마중이 시작되는 달이다. 농부의 봄맞이는 꽃 훑는 일로 시작된다. 지난날 웃고 지나갔던 글귀, '1:10:100:1,000:10,000법칙'이 떠올랐다. 그리고 그 속에서 농부의 삶을 보았다. '똥 싸기, 웃기, 쓰기, 읽기, 걷기' 속에는 '비움, 솟음, 깨움, 채움, 나눔 그리고 다시 비움, 솟음'의 순환하는 농심(農心)이 있다. 빈 들판에 웃음으로 희망을 솟게 하고, 쟁기 잡은 손으로 생명을 깨우며, 삶에 지식을 더하듯 들녘에 곡식을 채운다. 그리고 채워진 곡식을 세상에 아낌없이 나눈다. 그래서 비워진 들판에 또다시 희망을 샘솟게 한다.

얼마 전 강의 중에 농업인에게 "농심이 뭐라고 생각하십니까?"라고 질문을 했다. 정직, 모정, 생명 등 다양한 답변을 들을 수 있었다. 그런데 "농심(農心)은 슬픔이다"라는 의외의 답변을 들었다. 이 분은 50대 후반의 귀농인이다. 퇴직하고 농촌에 와보니 자신이 마을에서 가장 젊다고 하면서 수십 년 농사일을 하신 어르신들의 모습을 볼 때면 슬픔을 느꼈기 때문이란다. 왠지 마음이 찡해왔다.

농심은 만남이다. 땅과의 만남, 하늘과의 만남, 그리고 사람과의 만남이다. 흙과 비와 그리고 바람과의 만남 속에서 얻은 것을 사람과의 만남에서 모두 비운다. 왜냐하면 농부(農夫)는 별(辰)을 노래(曲)하는 아름다운 사람이기 때문이다. 어쩌면 우리 사회는 슬픈 농부의 아픔을 먹으며 성장하고 있는지도 모른다. 비움의 계절인 겨울을 지나, 생명의 깨움이 있는 봄이 올 수 있는 이유는 그사이에 희망의 솟음, 바로 사람들의 따뜻함을 기다리는 농부의 마음이 있기 때문이다.

[충청투데이 2016년 4월 1일, 인천일보 3월 14일 게재]

4. 농업인 월급제 제대로 자리 잡으려면

월급 받는 농업인이 늘어나고 있다. 농업인들의 경제적 부담을 덜어주기 위해 '농업인 월급제'를 시행하는 지방자치단체가 증가하고 있기 때문이다.

　농업인 월급제란 농업인이 봉급생활자처럼 매달 고정적으로 급여를 받는 제도이다. 농산물 생산기간이 길어 대부분 농업소득은 수확기에 일시 발생한다. 그러다 보니 매년 봄이면 영농자금 등 필요비용을 먼저 빌려 쓰고, 가을에 수확하여 갚는다. 다시 말해 영농자금이 필요한 시기에 충분한 자금을 비축하지 못한 농가들은 만성적인 부채에 시달려야 했다. 그런데 지자체와 지역농협이 함께 펼치는 농업인 월급제가 시행되면서 농업인들은 매달 고정적인 수입을 받음으로써 계획적인 영농이 가능해졌다. 게다가 우수 농정시책으로 주목을 받으면서 벤치마킹을 하고자 하는 지자체가 늘어나고 있다. 농업인 월급제가 실질적인 농가소득 증가에 이바지하기 위해서는 선행되어야 할 두 가지가 있다.

　우선 정부 차원의 적극적 재정지원과 홍보다. 사실 농업인 월급제는 수확기 전에 농산물 판매대금을 먼저 받고 수확기에 갚는 일종의 선도금제도이다. 엄밀한 의미에서 농업인이 지역농협으로부터 매월 받는 돈은 '월급'이 아니라 '판매 선급금'이다. 비록 지자체에서 상환기일까지 발생하는 수수료나 대출이자를 보조하지만 수확기에 이상기후나 예상치 못한 농작업 상해 등으로 일 년 농사가 엉망이 된다든지 혹은 풍년 기근이라는 말처럼 작황이 좋은 풍년이라도 농산물가격이 폭락할 경우에는 농업인에게 지불된 월급이 고스란히 부채로 남을 수밖에 없다. 이럴 경우를 대비해 농업재해보상보험·농업인안전재해보험으로 기상재해나 농작업 상해에 따른 손실위험부담을 경감할 수 있도록 정부 차원에서 보다 적극적인 재정지원과 홍보가 필요하다.

다음은 농업의 비교역적 공익가치에 대한 국민적 공감대 형성이다. 명목뿐인 농업인 월급제가 농가의 높은 호응과 함께 빠르게 확산하는 현상은 안정적 농가소득이 무엇보다 중요하다는 사실을 말해준다. 이제는 국민이 농업인에게 매월 안정적인 급여를 주는 '농업인 기본소득 보장제도' 시행으로 진화해야 한다. 이러한 제도를 실현하려면 국민적 공감대가 필요하기에 농업은 '농민의 농업'에서 '국민의 농업'으로 거듭나야 한다. 지속 가능한 공동체 삶에 중심을 둔 쌍방향적 '국민의 농업'으로 향해야 한다.

그동안 농업 경쟁력 강화를 위해 기술화, 전문화, 규모화, 수출화, 어디 그뿐인가. 생산 유통시스템 혁신에 힘을 쏟았다. 그 덕분에 농업 생산성이 향상된 것도 사실이다. 그런데 우리 농업은 자유무역협정(FTA)에 따른 수입농산물 확대와 맞물려 만성적인 공급과잉과 가격폭락을 겪고 있다. 농업을 농업인만의 문제로 치부한다면 출처도 모르는 농약이나 화학약품으로 범벅이 된 농산물을 먹게 될지도 모른다. 그리고 누가 홍수를 대비해 담수하고 산업화로 오염된 공기를 정화할 것인가?

이제 딜레마에 빠진 농업의 문제를 시장 경쟁력이 아니라 사회의 '공헌력'에서 찾는 지혜가 필요하다. 농업은 친환경 식량 생산으로 깨끗한 물, 청정한 공기, 자연치유의 공간을 만드는 다양한 공공재 창출산업이며, 생명유지 산업이다. 그러므로 국민 건강을 지키기 위해 무농약, 천연 유기질비료 등을 사용해 안전 먹거리를 제공하고, 다양한 작물을 재배하는 다각화 영농 등으로 생태환경을 유지하는 농업인은 농산물 이외에 중요한 공익적 가치를 생산한다. 최근 유럽에서는 이와 같은 공익적 가치를 생산하기 위해 상호준수의무(cross-compliance)를 이행하는 농업인에게 안정적인 농업소득 지원제도를 시행하고 있다. 그동안 간과되었던 농업의 다원적 기능에 대한 보상이 실제적으로 이루어져야 한다.

[경남도민일보 2016년 3월 23일, 조선일보 3월 11일 게재]

5. 농업은 언더독(Underdog)이 아니다

투견에서 유래한 언더독(Underdog)이라는 용어가 있다. 이 말은 이기거나 성공할 가능성이 적은 약자나 약체를 일컫는 단어다. 그런데 농업을 언더독, 즉 경쟁력이 없고 상대적으로 약체산업이라 생각하는 사람들이 늘어나고 있다. 다시 말해 농업은 성장을 멈추고 하락하는 사양산업이며, 부가가치가 낮아 국가 경제에 기여하지 못한다는 인식이 확산하는 것 같다.

과연 농업은 더 이상 성장이 없는 하향 산업일까? 흘깃 본다면 그렇게 착각할 수도 있다. 하지만 농업 생산액, 농업 부가가치 유발계수 및 농업의 다원적 기능을 제대로 살펴본다면 정확히 틀렸다는 것을 알 수 있다.

먼저 농업 생산액을 보자. 1995년 26조3,416억 원이었던 농업 생산액은 2014년 44조9,168억 원으로 70.5%의 성장률을 보였다. 그런데도 불구하고 성장이 멈춰진 하향산업이라고 여겨지는 까닭은 국내총생산(GDP) 성장률과 관련이 있다. GDP란 국내 경제주체가 생산활동에 참여해 창출한 부가가치와 최종생산물을 시장가격으로 평가한 것으로, 한 나라의 부를 측정하는 주요한 기준이다.

1960년 한국 GDP는 20억 달러에 불과했다. 그러나 이후 성장을 거듭하면서 1995년 5563억 달러, 2015년은 무려 1조4351억 달러로 세계 11위의 기록적인 성장세를 보였다. 이 같은 급속한 GDP 성장률은 농업이 연평균 2~3%씩 꾸준한 성장을 하는 산업임에도 불구하고 성장이 없는 정체 산업이라는 오해를 불러일으켰다.

다음으로 산업별 부가가치 유발계수를 살펴보면 2013년 기준 농업의 부가가치 유발계수는 0.777로 전기 · 전자기기 제조업 0.524, 화학제품 제조업 0.478, 기계 · 장비제조업 0.646보다 높고, 특히 곡물 · 식량작물의 부가가치 유발계수는 0.878로 휴대전화 관련 통신 · 방송 장비 0.493보다 훨씬 높다. 어디 그뿐인가. 부가가치의 대표적인 산업이라는 건설업 0.714보다 높다.

이는 농업생산과정으로 새롭게 추가되거나 만들어진 가치(인건비, 이자, 이윤 등)가 무려 77.7%나 창출됐음을 나타낸다.

마지막으로 외부효과인데, 긍정적 외부효과란 어떤 경제 주체가 시장을 통하지 않고 다른 경제 주체에 혜택을 주는 것이다. 농업의 긍정적 외부효과는 일명 농업의 다원적 기능으로, 농업의 환경보전 기능(홍수조절, 대기정화, 토양유실방지), 사회경제적 순기능(농촌 공동체 유지, 전통문화 계승), 자연경관 유지 및 생태보전 기능 등을 말한다.

농업의 긍정적 외부효과를 시장가격으로 나타내면 82.5조 원 (2014년 기준)으로 국민경제에 막대한 기여를 하고 있음을 알 수 있다. 쉽게 말해 이 금액은 농업이 이 땅에서 사라진다면 전 국민이 분담해야 할 부담액이다. 특히나 농업의 다원적 기능은 한번 상실되면 그 기능을 회복하는데 상당한 시간과 느력이 소요된다는 점도 간과해서는 안 된다. 바꿔 얘기하면 풍요롭고 안정적인 미래는 타 산업들을 묵묵히 받쳐주는 밑거름 산업, 즉 농업 없이는 요원하다.

결론적으로 농업은 사양 사업이 아니라 미래 성장산업, 가치창조 산업이며, 밑거름 산업이다. 단지 농산물 개방으로 그 성장률이 둔화하고 있을 뿐이다. 따라서 언더독 효과처럼 경쟁에서 뒤처지고, 약자에게 주어지는 동정 어린 시선으로 농업을 보아서는 안 된다. 농업이 강력한 추진력을 가진 산업으로 도약하기 위해서는 국민경제에 기여하는 농업의 공공적이고, 비교역적이며, 다원적인 기능에 대한 올바른 인식이 무엇보다 선행돼야 한다.

[인천일보 2016년 2월 22일 게재]

6. 농업보존, 우리 모두의 일이다

농업은 보호되어야 할까? 보존되어야 할까? 정답은 보호되어야 하고 동시에 보존되어야 한다.

그런데 지금까지 농업정책들이 수많이 쏟아져 나왔음에도 불구하고 농업은 갈수록 그 체력이 약화된 듯 보인다. 그 이유가 농업보존 정책보다 농업보호 정책에 더 집중한 탓은 아닐까?

'보호'와 '보존'이라는 말은 비슷하지만 분명한 차이가 있다.

보호는 현세대를 기준으로 침해받지 않도록 보살핀다는 개념이다. 다시 말해 농업보호는 외국농산물의 수입개방을 전제로 한다. 반면 보존은 미래를 위해 지금 세대뿐만 아니라 다음 세대에게 물려준다는 의미, 즉 농업구조의 탄탄한 구축을 포함하고 있다.

농업구조 중 농업생산력 주체와 관련된 지표를 살펴보면 40년 전 1975년 농가호수 238만 호, 농가인구 1324만 명, 농림업취업자 504만 명은 2014년 현재 농가호수 113만 호, 농가인구 279만 명, 농림업취업자 150만 명으로 감소했다.

농촌 관련 연구원 자료에 따르면 10년 후 2024년에는 농가호수 99만 호, 농가인구 230만 명, 농림업취업자 129만 명으로 지속적인 감소를 전망했다.

단순히 농업종사 인구로 우리 농업의 체질을 논하는 것은 성급한 판단일 수 있다. 하지만 문제는 농가인구 고령화 비율이 점점 높아져 2024년 이후에는 2명 중 1명은 65세 이상 노인들이 농업을 담당하게 된다는 사실이다.

이처럼 농업노동력문제는 단순한 양적 감소와 질적 약화의 문제를 넘어 지역농업 자원을 이용 관리하기 위한 최소한의 인력조차 확보하기 어려운 상황을 가져올 수 있다는 데 그 심각성이 있다.

따라서 지속 가능한 농업보존을 위한 미래 농업인 양성이 무엇보다 중요하다. 만약 ICT · BT 기술의 융복합 확산과 함께 농업인력 양성에 소홀히 한다면 기초산업으로서의 농업은 해체되고 말 것이다.

2008년 글로벌 금융위기 당시에 발생한 식량문제는 식량의 절대 공급량 감소로부터 기인되었다는 사실을 상기하자. 당시 식료품 가격이 급등하면서 소득의 80%를 식품비로 지출하고 있던 수억 명의 빈곤층은 심각한 타격을 입었고, 여러 나라에서 식량 폭동이 일어났으며 심지어 국가 정부가 붕괴하였다.

세계 각국의 식량 전문가들은 다가오는 기래에는 지금보다 더 많은 인구가 굶주리거나 심각한 식량난을 겪게 될 것으로 예측했다.

농업보존만이 식량문제를 해결할 수 있다. 따라서 농업문제에 대한 시각이 넓혀져야 한다.

일례로 농업생산 동향을 파악할 때 생산액뿐만 아니라 생산량의 변화도 눈여겨봐야 한다. 왜냐하면 생산액은 증가하는데 식량 작물 재배면적과 생산량은 지속적으로 감소하는 추세에 있다는 사실을 간과할 수 있기 때문이다. 공업화 산업화로 변한 농토에 다시 식량작물을 심기 위해선 수 년 아니 수십 년 이상의 기나긴 복원시간이 걸린다는 사실을 잊지 말아야 한다.

아울러 밥 못 먹는 사람들의 수가 늘어나고 있다는 근심 어린 기성세대의 한탄에 '밥 못 먹으면 고기 먹으면 되지'라는 우리 미래 세대들의 답변이 계속 들리는 현실 속에서 농업보존이 이 시대에 얼마나 시급하고 절박한 문제인지를 인식할 수 있다.

'우리나라는 출산율이 낮아 인구가 늘어나지 않기 때문에 식량문제는 시급하지 않다'라고 말할 수 있을까? 이미 세계는 하나의 권역으로 묶여 있다. 그리고 식량 대란이 일어날 조짐이 여기저기에서 나타나고 있다. 대형사고가 발생했을 경우 이미 그 이전에 수많은 경미한 사고와 징후가 감지된다는 하인리히 법칙이 식량안보에 일어나지 않는다고 누가 장담할 수 있겠는가?

10년 후 아니 보다 멀리 바라보는 눈이 필요하다. 농업보존은 농민이나 정부의 힘만으로 이어가기엔 역부족해 보인다. 농업문제는 농민만의 문제가 아니다. 국민 모두의 생존문제이다. 농업구조의 근본적인 문제를 해결하기 위해 모든 국민이 나서야 할 때이다.

[전남일보 2015년 3월 17일 게재]

7. 물의 날, 물이 전하는 메시지

우리 몸을 이루는 구성요소 중 가장 비중이 큰 것이 바로 물이다. 거의 70%를 이룬다. 만약 몸속에 물이 1~2% 부족하면 갈증을, 5% 부족하면 극심한 갈증을, 12% 부족하면 혼수상태가 되고 20% 이상이 부족하면 사망하게 된다. 그래서 물은 소중하다. 유엔은 매년 3월 22일을 물의 날로 제정하였고 우리나라도 1995년부터 동참해오고 있다. 20년 전 일반인 대부분은 기름보다 비싼 물을 사 먹는 것에 익숙하지 않았다. 반면 지금은 사 먹는 것을 당연히 여긴다. 이러한 생활패턴의 변화는 생수 수입에 잘 나타나고 있다.

관세청에 따르면 생수 수입은 2012년 899만 달러에서 2013년 2,477만 달러로 거의 3배 가까이 급증했고 그 추세가 지속되고 있다고 한다. 국내 시장에 외국농산물이 유입되어 우리 농산물에 큰 타격을 주듯 외국산 생수 수입은 우리 물의 소중함을 희석한다고 말하면 시기상조일 수 있다. 그런데도 농산물처럼 물도 수입에 의존하고 돈만 있으면 살 수 있다는 생각이 팽배해져 물 부족시대에 대한 대비를 소홀히 한다면 우리의 미래는 불안전할 것이다.

우리나라는 1993년 물 부족국가가 된 이후 아직도 물 스트레스를 받는 나라로 구분된다. 아울러 지구 어느 편 수천만 명의 사람들이 매년 물 부족으로 죽어가고 있다는 사실을 간과해서는 안 된다. 세상에 있는 물 중 담수로 사용할 수 있는 물은 겨우 2.5% 미만이고, 이 중에 인간이 실제 식수나 농업용수로 이용할 수 있는 물은 1%에도 미치지 못한다. 더욱 암울한 소식은 2030년까지 전 세계의 물 수요가 현재보다 40% 증가하게 되어 생명 산업 농업이 가장 큰 영향을 받는다는 사실이다.

농업은 물이 없으면 안 된다. 가뜩이나 식량자급률이 30% 미만인 우리로서는 미래의 물 부족은 치명적이다. 에너지와 비료와는 달리 물을 대체할 것은 없다. 오직 수자원을 아끼고 확보하는 길밖에 없다. 자연은 우리에게 '물은 이제 더 이상 물이 아니라 식량이고 생명이다'라는 끊임없는 메시지를 보내고 있다. 이제는 국민 모두 1년에 한 번 물의 날을 기념할 것이 아니라 매주 수(水)요일 물의 소중함을 되새겼으면 하는 바람이다.

[경남도민일보 2015년 3월 16일 게재]

8. 농민 열정에 관심을 갖자

가끔 당연하게 여겨지는 생각도 다른 측면에서 볼 필요가 있다.

지난해 중학교 다니는 아들이 마이클 조던과 같은 훌륭한 선수가 되겠다는 당찬 목표를 갖고 학교 농구부에 들어갔다. 그러다 보니 가족 전체가 농구에 대한 관심을 높일 수밖에 없었다. TV에서 농구경기가 방영되면 영화나 드라마 채널도 농구경기 방송으로 돌려졌다.

이러한 관심 때문인지 아들의 농구 실력과 체력은 날로 향상됐다. 그런데 4~5개월 지나자 가족들은 농구에 대해 점점 무관심해졌다. 그러자 아들의 의욕도 줄어들기 시작해 급기야 고된 훈련이 시작되는 날이면 몸이 아프다는 이유로 연습에 참여하지 않기 일쑤였다. 자연히 실력도 늘지 않았다.

그렇다면 농구에 대한 의욕이 감소한 이유는 아들 탓일까, 아니면 가족의 무관심 탓일까?

얼마 전 어느 신문에 '한-칠레 FTA 10년… 농민도 정부도 틀렸다'는 기사가 실렸다. 그 신문기사는 "2003년 당시 정부는 FTA의 경제적 효과를 내세워 거리로 나선 성난 농심을 달래기 위해 과일농폐업 지원금 2,400억 원이라는 파격적인 보상을 7년에 걸쳐 지원했다.

그런데 애초 예상과는 달리 FTA로 인한 농가의 피해는 거의 없었고, 복숭아와 포도 농가 등에 지원된 2,400억 원 폐업지원금은 '헛돈'이다."라고 지적했다.

또 다른 지면에는 '포도나무를 다 베어냈던 충북 옥천군 농가의 90% 5년 뒤 포도로 U턴'이라는 제목 아래 '빗나간 예측으로 사회경제적 비용만 눈덩이', '허공으로 날아간 2,400억 원' 등을 실었다.

일면 이 기사 내용에 고개가 끄덕여지는 면도 없지 않다. 그런데도 농민 입장에서 이 글을 보면 적잖게 심기가 불편하다. 그 까닭은 뭘까?

이 기사 내용처럼 포도 농가는 폐업지원을 했기에 당연히 농가소득은 줄어들어야 하는데, 소득이 2배로 늘어났기에 폐업지원금이 '헛돈'이었다는 논리로 들리는 것은 나만의 착각일까?

수요측면에서 살펴보면 포도 1인당 연간 소비량은 2000년 10.3kg에서 2013년 6.5kg으로 감소했다. 공급 측면에서는 1996년부터 수입되던 신선 포도 수입은 이제 칠레와 미국뿐 아니라 높은 수입증가 추세를 보이는 페루산도 2011년 12월부터 수입되고 있다. 신선 포도 수입량은 2000년 7,921t에서 2013년 58,743t으로 무려 7.4배 늘었다.

이러한 상황을 감안할 때 한-칠레 FTA 포도 농가의 폐업지원이 있었기에 그나마 포도 농가 소득이 연착륙에서 다시 상승기류를 탈 수 있었던 것은 아닐까?

그런가 하면 최근 포도 농가의 소득이 증가한 이유는 포도 소비량 감소율 8%보다 소비자가격 상승률 9%가 더 높았다는 점도 간과하면 안 된다. 무엇보다 농민의 심기를 불편하게 하는 것은 농민의 자구적인 경쟁력 향상을 위한 노력이 조혀 반영되지 않은 채 단지 폐업 지원금을 매몰 비용으로 본다는 점이다.

농구에 대한 열정은 당연히 아들 스스로 가져야 할 마음이다. 하지만 가족의 관심이 열정을 더욱 타오르게 하는 의욕을 갖게 한다는 점을 잊지 않아야 한다.

이렇듯 식량안보의 주역인 농민의 열정에 찬물을 끼얹는 일은 없어야 할 것이다.

[인천일보 2014년 3월 26일 게재]

9. 연애편지와 농산물

학창시절 학교방송국에서 방송을 담당하는 여학생을 혼자서 사모하던 남학생이 있었다. 그는 매일 밤 그녀에게 향하는 마음을 편지에 담았다.

그런데 여학생을 직접 만나기가 두려웠던 그는 매번 자신이 쓴 편지를 자신의 후배를 통해 그 여학생에게 전달했다. 그러던 어느 날 그 청년은 편지를 전달하던 후배가 그녀와 사귀게 되었다는 사실을 알게 되었다.

여학생은 편지를 쓴 청년을 제대로 만나본 적이 없는 반면 그 편지를 매번 전해주던 후배에게 호감을 느끼기 시작했다.

다시 말해 사랑한다는 막연한 표현을 담은 수십 통의 편지보다 매번 그 편지를 가져다주는 사람에게 여학생의 마음이 점점 이끌렸다. 어쩌면 이는 당연한 결과였다.

알게 되면 사랑하게 된다는 말이 있듯이 누군가를 아는 최선의 방법은 만나는 것이다. 이러한 원리는 농산물을 생산하는 농업인에게도 고스란히 적용된다고 본다.

예전처럼 무작정 생산하면 팔리던 농산물시대는 지나갔다. 이제는 소비자가 원하는 농산물을 생산해야 한다. 농업도 이제 단순한 판매가 아니라 마케팅이 필요하다.

마케팅이란 소비자가 사고 싶은 마음을 생기게 하는 것이다. 불특정 소비자가 아니라, 특정 고객, 즉 농업인 아무개의 농산물만 습관적으로 구입해 먹는 마니아를 창출해야 한다.

농업계 일부에서는 높은 유통비용을 이유로 직거래 활성화를 추천한다. 직거래는 농업인에게는 유통단계를 줄여 농가가 받는 값을 높여준다.

그리고 소비자에게는 누가 생산했는지 알 수 있는 얼굴을 가진 농산물을 보다 저렴한 가격으로 구입할 수 있기에 바람직하다.

하지만 농가에서 단독으로 소비자와 직거래한다는 것이 그리 녹록지 않은 일이다. 생산, 가공, 포장 등 유통경로에서 일어나는 모든 일을 농가가 직접 해야 한다.

무엇보다 자신의 농산물을 구매해줄 소비자를 찾는 일에 직면하면 막막하기만 하다.

그런 까닭에 최근 로컬푸드 직판매장이 주목받고 있다. 환영할 만한 일이다. 그러나 생산자 농업인이 주체가 되지 못하는 직판매장이 생겨난다면 곤란하다고 본다.

왜냐하면 직판매장이 일반 소매점처럼 단순히 농산물 판매 역할만 하고 생산자 농업인은 농산물에 대한 소비자의 필요나 욕구를 읽지 않는 생산자 중심으로 치우친다면 결국 수십 통의 연애편지만 보낸 청년의 실수를 범하기 쉬운 까닭이다.

일일 유통체계로 소비자의 요구에 맞는 신선 농산물 공급뿐만 아니라 농산물 가격 결정과 판매에 대한 책임을 농업인 스스로 가져야 한다.

로컬푸드 직판매장은 유통단계가 '1'이 아니라 농업인이 주도하는 유통단계 '0.5'로 육성되어야 하는 이유가 여기에 있다.

무작정 생산하면 팔리던 농산물시대는 지나갔다. 이제는 소비자가 원하는 농산물을 생산해야 한다. 농업도 이제 단순한 판매가 아니라 마케팅이 필요하다는 점을 다시 강조한다.

[전북일보 2014년 3월 13일, 인천일보 3월 3일,
경남도민일보 2월 18일 게재]

10. 농민의 눈물

흙을 나타내는 흙 토(土)가 두 번 겹치는 날이 11월 11일, 농업인의 날이다. 그런데 최근 웃고 있는 농업인은 많아 보이지 않는다. 왜 그럴까?

한미 FTA 발효 후 미국의 지속적인 농산물시장개방요구 때문일까? 한국농업을 덮치는 쓰나미로 일컬어지는 한중 FTA 협상 때문일

까? 2014년 말 쌀 관세화 유예기간이 종료되면 2015년에는 쌀이 전면개방 되기 때문일까? 아니면 '성벽 없는 관세철폐'로 불리는 환태평양경제동반자협정(TPP) 때문일까?

최근 세계는 미국·EU·중국을 중심으로 거대경제권이 블록화를 이루면서 환태평양경제동반자협정(TPP), 환대서양무역투자동반자협정(TTIP), 역내포괄적경제동반자협정(RCEP) 등 거대 FTA를 탄생시켰다. 이런 와중에 우리 농업은 생산기반을 점차 잃어가고, 농민의 얼굴에서 웃음이 사라져간다.

하지만 진정 농업인들을 슬프게 하는 이유는 따로 있다. 그것은 바로 일반 국민의 농업에 대한 애착과 관심이 줄고 있다는 데 있다. 한국농촌경제연구원이 실시한 '2012년 농업·농촌에 대한 국민의식조사'에서 도시인 10명 중 6명은 '농산물시장 개방이 확대될수록 소비자에게 유리하다'는 인식을 하고 있다. 우리 농산물 구매 충성도는 2010년 이후 계속 하락하여 34.1%에 그치고 있다고 조사되었다.

이처럼 일반 국민은 '농업의 다원적 기능은 국가나 국민의 지속성을 위해 기여해야 한다'고 생각한다. 하지만 '농업이 지속 가능해야 국가나 국민도 존재할 수 있다'는 사실을 간과한다. 위기는 외부에서만 오는 것이 아니다. 배고픔과 추위보다 더 무서운 것은 버림받았다는 사실이다.

지금처럼 성장과 효율이라는 명목에 처참히 내팽개치는 농업이 지속한다면 농업인의 날이 아니라 농민의 얼굴에서 눈물이 흐르는 날로 기념될 것이다.

[제주일보 2013년 11월 11일, 경남도민일보 11월 11일,
부산일보 11월 7일, 전북일보 11월 6일 게재]

11. 말없이 다가오는 식량문제

'우리나라 국민 10명 중 8명은 먹을 것이 없어 굶어야 한다'고 얘기하면 몇 명이나 공감할까? 그 정도로 식량 위기의 심각성을 느끼는 국민은 그리 많지 않아 보인다. 그런데 이 말은 '우리나라 식량 자급률이 20% 수준으로 떨어졌다'는 또 다른 표현일 수 있다.

우리나라 곡물 자급률은 1990년 43.1%에서 2011년 22.6%로 연평균 3.3%포인트씩 지속적으로 감소했다. 이는 OECD 주요국가들 가운데 가장 낮은 수준이다. 미국(120%), 캐나다(180%), 독일(124%), 프랑스(174%) 등 선진국 대부분이 완전자급 수준 이상의 곡물 자급률을 유지하는 것과 대비된다.

왜 식량 자급률은 계속 낮아지는 걸까? 그 해답은 곡물 수요는 증가하는데, 곡물 생산량은 점점 줄어들기 때문이다. 우리나라 곡물수요는 1990년 1,628만2,000t에서 2011년 2,143만5,000t으로

194

32%가 증가했다.

　그런데도 국내 곡물 생산량은 1990년 701만3,000t에서 2011년 484만6,000t으로 낮아졌다. 다시 달해 농민들이 곡물생산을 줄인 탓이다. 자신이 생산한 농산물에 대해 제값을 못 받은 농민은 더 이상 농사를 짓지 않거나 심지어 농지를 버린다.

　뒷갈이하지 않는 농토가 60만㏊에 해당하고, 매년 여의도의 약 60배 이상의 농지가 '효율'과 '성장'이라는 신자유주의 이데올로기에 의해 사라지고 있다.

　국제사회에 식량안보 문제가 다시 부각되고 있다. 2008년 국제곡물 가격이 폭등하면서 전 세계적으로 대두되었던 식량 위기는 얼마간 안정기를 보이다 다시 상승하여 2011년 2월에 사상 최고치를 기록했다.

　튀니지의 재스민 혁명의 도화선은 러시아와 우크라이나의 밀 수출 제한조치임을 상기한다면 식량문제가 사회혼란을 야기할 수 있다는 점과 언제든지 식량을 무기화한 국제곡물시장의 어두운 먹구름이 우리 사회에 드리워질 수 있음을 잊지 말아야 한다.

　다시 한 번 농민들이 겪고 있는 현실을 이해해주기 바란다. 그들은 곡물 생산을 줄일 수밖에 없다. 자신이 생산한 농산물에 대해 제값을 못 받은 농민은 더 이상 농사를 짓지 않거나 심지어 농지를 버릴 수밖에 없다.

글로벌 식량 위기에 대비하기 위해서 정부는 농지보전정책과 더불어 지속적인 감소세를 보이는 농업소득의 하락분을 충분히 보상해 줄 수 있는 농업 직불제에 대한 강화 공약을 이행해야 한다.

또한 농업이 상공업과는 달리 우리가 꼭 지켜야 할 생명의 보고(寶庫)라는 국민적 공감대를 가져야 할 시기이다. 지금 당장에야 농산물을 수입해서 부족한 식량을 충족할 수 있다. 하지만 국제적으로 식량 대재앙이 발생한다면 '국민 10명 중 8명은 굶주려야 한다'. 이렇게 되지 않는다고 누가 보장하겠는가?

[전북일보 2013년 6월 11일, 경남도민일보 5월 2일 게재]

12. 귀농 · 귀촌을 희망하는 도시민에게

도시가 서양화라면 농촌은 동양화에 가깝다. 동양화의 화면(畫面)과 서양화의 화면을 비교해 보면 두드러지는 차이가 있다. 바로 그림이 그려지는 화면에서 그려지는 부분을 제외한 나머지 공간, 즉 '여백'이다. 동양화에서는 여백에 색칠하지 않는다. 반면 서양화에서는 밑그림에 색이 칠해져 있다. 효율과 성장을 갈구하는 경쟁 시장 시스템의 한가운데 있는 도시의 삶에서는 결코 빈 곳을 용납하지 않는다. 왜냐하면, 서양화에서처럼 빈 곳이란 미완성을 뜻하기 때문이다. 촘촘히 비좁듯이 붙어있는 아파트문화나 집주변에 공간이라도 있을라치면 방 한 칸에 부엌을 내어 임대로 활용하는 점들이 이를 대변한다. 이처럼 도시의 삶은 갈수록 팍팍해진다. 그래서인지 빈 곳을 남겨두지 못하는 도시생활에서 벗어나 여백의 미(美)가 있는 농촌으로 이동하는 귀농·귀촌 인구가 점점 늘어나고 있다.

2012년 귀농 가구는 전년(1만75가구)보다 11.4% 늘어난 1만1,220가구로 2010년(5,405가구)과 비교하면 두 배 이상 늘어난 수치이다. 앞으로 도시에서 농촌으로 향하는 음직임은 더욱 증가할 전망이다. 이러한 귀농·귀촌 추이에 따라 지자체들도 도시민 유치에 관심이 높다. 귀농·귀촌에 대한 자체적인 지원책을 시행 중인 지자체가 늘고 있다.

그런데 귀농·귀촌인들이 성공적인 정착을 위해 귀를 기울여야 할 얘기가 있다. 그것은 다름 아닌 귀농·귀촌인들이 농어촌에서 어떠한 역할을 담당하기를 기대하는 지다. 시군의 귀농·귀촌 업무담당 공무원들의 설문결과, 지자체 공무원들은 '전문적 농어업경영을 꿈꾸는 젊은 농어업인력'이 필요한가에 대해 필요함(10.9%), 보통(14.9%), 필요치 않음(74.3%)으로 응답했다. 왜 지자체 공무원들은 전문적 농어업인력이나 2·3차 산업 인력, 젊은 경영인 등의 역할에 대해서 필요성을 낮게 보았을까? 지역주민과 경합이 존재할 수 있는 농업 등 경제활동 분야보다는 문화, 복지, 교육 등 주민 삶의 질 향상을 위한 서비스 영역에서 귀농·귀촌인들이 그 역할을 담당해줄 것을 기대하기 때문이다.

귀농·귀촌이 농어촌 지역사회에 항상 긍정적인 영향을 주지는 않는다. 분명 농촌으로의 인구유입 등은 긍정적 요인이다. 하지만 지역 땅값 상승과 임차농지의 경합으로 기존 지역 주민에게 피해가 가고 분쟁과 갈등이 증가하고 있는 부정적 측면이 있다. 결과적으로 귀농·귀촌은 순기능과 역기능적인 양면성을 가지고 있다. 따라서 귀농·귀촌을 희망하는 도시민들은 영농교육뿐만 아니라 정착하고자 하는 농어촌지역이 자신에게 어떠한 역할을 요구하는지 살펴보고 준비해야 한다. 이러한 점에서 최근 귀농·귀촌인들이 도농교류, 농촌체험관광 등 농촌 마을 활성화 사업에 마을사무장이나 생태체험 해설사, 문화유산 해설사 등으로 참여하여 마을에 활력을 불어넣는 사례들이 눈에 띄게 늘어나고 있다.

그림이나 사람이나 비움이 많을수록 품을 수 있는 공간이 넓어진다. 농촌은 도시와는 달리 공동체 성격이 강하다. 귀농·귀촌인은 지역안착을 위해 지역주민과 함께해야 한다는 점에서 농촌의 여백을 읽을 줄 알아야 한다. 빌딩과 상가로 도시를 끊임없이 메우려는 서양화 같은 '채움성'이 아니라 있는 그대로의 자연스러움, 즉 동양화의 '비움성'으로 농촌공동체에 행복을 담아보길 제언한다.

[부산일보 2013년 5월 15일, 경남도민일보 5월 13일 게재]

13. 농민을 웃게 하라

11월 11일은 농업인의 날이다. 농업인의 노고를 격려하기 위해 1996년 대통령령으로 제정했다. 그러나 정작 농업인은 이날 울고 싶어 한다. 주변 환경이 워낙 어려운 탓이다.

실제로 요즘 어느 농민을 만나도 농업인으로서의 긍지와 자부심을 찾기가 힘들다. 식량안보 차원에서 농업이 여전히 중요하다고 누구나 말하지만 정책적 지원은 그렇지 못하기 때문이다. 삶이 팍팍하면 직업에 대한 긍지도 줄어들게 마련이다.

쌀값부터 그렇다. 예를 들어 자장면은 1995년 1,900원에서 2010년 3,900원으로 배 이상 올랐지만 쌀은 같은 기간 동안 13만2천680원에서 13만7,416원으로 제자리걸음이었다. 결국 자장면 가격은 자유경쟁시장의 논리가 적용되고 쌀값은 개인이 아닌, 국가나 사회를 위한 '공동선'의 논리가 적용된다고 보는 것이다.

혹자는 쌀 소득 보전직불제가 농가 소득을 보전해 주지 않느냐고 주장할지 모르겠다. 맞는 말이다. 실제로 직불제가 농가 소득에 미치는 영향은 적지 않다. 하지만 추곡수매제를 폐지하고 직불제를 도입한 2005년 이후 쌀 소득 추이를 보면 2005년 10a당 54만5,776원에서 2010년에는 43만4,162원으로 5년 사이에 무려 11만1,614원이 줄었다. 실질소득으로 환산하면 농가의 소득 감소 폭은 더욱 커진다.

농가 소득의 급감에는 생산비 상승도 한몫했다. 2005년을 기준 연도로 농가가 구입한 농업용품 총 구입 가격을 100으로 할 때, 최근 5년간의 농가 총 구입 가격 등락률을 지수로 표시한 농업용품 구입가격지수는 연평균 6.2% 올랐다. 반면 쌀값은 연평균 0.3%가 떨어졌다. 올라야 할 것은 내리고, 내려야 할 것은 올랐으니 농업인의 삶이 팍팍해질 수밖에 더 있을까?

올해 농업인의 날 슬로건은 '농업, 국가발전의 주춧돌! 농촌, 푸른 미래의 디딤돌!'이다. 이 슬로건이 말로만 그치지 않기를 바란다. 농민이 살아야 국민도, 국가도 산다. 농민이 부유해야 우리나라의 식량 안보도 온전히 지켜질 수 있다는 사실을 잊지 말았으면 좋겠다.

[부산일보 2012년 11월 8일 게재]

14. 도시농업, 생명 지키는 또 다른 방법

아버지에 대한 기억이 전혀 없는 유복녀가 공원의 한 모퉁이에 강낭콩 세 개를 심었다. 이 작은 행동이 단절의 공간을 소통의 공간으로 만들었다. 이 이야기가 나오는 폴 플라이쉬만의 소설 '작은 씨앗을 심는 사람들'은 동일한 공간 속에서 식물, 특히 농작물을 기르는 것이 공동체를 회복하는데 어떻게 기여하는지를 잘 표현해 주고 있다. 아파트 문화는 그야말로 '단절' 그 자체다. 학생들 간의 왕따, 피시방에 온종일 죽치고 있는 사람들, 도무지 이해할 수 없는 자살자들이 속출하는 이유는 바로 소통의 단절 때문이다.

'고립' 내지 '단절'을 나타내는 도시 생활 속에 도시민들은 답답한 가슴을 풀어 줄 공간을 찾아 나선다. 주말이 되면 밖으로 나가고 싶은 충동을 행동으로 옮긴다. 도시 외곽 고속도로는 붐빈다. 푸른 자연과 접하면 사람은 건강해진다. 상쾌한 바람과 햇살이 있는 녹색 지대로 달려가고 싶은 것은 자연스러움이다. 늘 자연과 함께할 수 있는 방안은 없을까? 의료계에서도 정서적 안정에 크게 도움을 주는 원예 치료가 주목받으면서 각종 식물관찰 및 자연 체험에 대한 관심이 높아가고 있다. 자연환경을 보는 것도 훌륭한 치유 효과를 주지만, 자신의 손으로 흙을 만지고 물을 직접 식물에 주는 체험 활동이 더 효과적이라고 의학 전문가들은 말한다. 이제 보는 자연에서 직접 체험하는 자연 치유법이 늘어나는 이유도 이러한 맥락과 통한다. 이러한 점에서 도시농업은 환영할 만하다.

도시농업은 주로 자신이 재배해서 스스로 소비하는 형태를 보이지만 앞으로 교육이나 판매 목적을 위해 운영되는 형태 등으로 발전해 나갈 것이다. 이러한 트렌드에 따라 정부도 지난해 11월 22일 제정된 '도시농업의 육성 및 지원에 관한 법률'을 제정했고, 5월 23일에 전격 시행되었다. 아직 초기 단계인 도시농업 대부분은 집 베란다나 옥상을 이용해서 농작물을 기르는 개인형 도시농업이거나 아니면 일정한 공간에 모여 개별적 또는 소단위 협업 형태로 농작물을 재배하는 공동형 도시농업으로 나타나고 있다.

오늘날 도시농업이 우리에게 주는 의미는 남다르다. 왜냐하면 도시농업은 먹을거리를 도시 주변에서 재배, 생산, 분배하는 사전적인 의미보다 농작물 재배라는 공동의 관심사를 통해 서로 소통하는 사회공동체를 만들어준다는데 더 큰 의미를 담고 있기 때문이다.

마당이나 공원 한 켠에 농작물 기르는 것은 각박한 도시 생활 속에 인간에게 절실히 필요한 자연과의 교감을 주는 일이다. 작물을 기르다 보면 자연스럽게 태양, 바람, 강수량, 흙 등 자연에 관심을 가질 수밖에 없다. 그와 함께 우리가 그동안 간과해온 농업이 지닌 다원적 가치를 일깨워 준다. 다시 말하면 쌀은 수입할 수 있지만, 우리의 생명을 지켜 주는 자연 생태 보전, 공기 청정 기능, 담수와 같은 홍수 조절 기능 등 농업의 다원적 기능인 쌀농사는 결코 수입할 수 없다는 사실을 알게 된다. 이처럼 내 손으로 심는 작은 농작물 재배에서 우리는 이웃과 소통하고, 나아가 도시와 농촌이 소통해서 온 국민의 생명 산업인 우리 농업을 지켜나가야 한다. 이것이 바로 도시농업을 활성화해야 하는 이유이다.

[매일신문 2012년 9월 27일 게재]

15. 귀농인의 성공적인 정착을 위한 제언

도시생활에서 벗어나 농촌으로 이동하는 귀농인들이 늘어나고 있다. 이들 대부분은 새로운 삶에 대해 기대하며 전국 지자체에서 하는 귀농 교육에 참여하고 있다. 2000년대 이후 그 수가 지속해서 증가해, 2011년 귀농·귀촌 인구는 6,500가구로 역대 최대치를 기록했다. 앞으로 도시에서 농촌으로 향하는 움직임은 더욱 증가할 전망이다.

이러한 귀농 추이를 고려할 때 우리 농업·농촌을 이끌어갈 귀농인들의 성공적인 정착이 중요하다. 같은 조건인데도 귀농 후 성공하는 이가 있지만 성공하지 못하는 이가 있다. 왜일까?

성공한 귀농인들에게는 몇 가지 공통점이 있다.

가장 먼저 눈에 띄는 점은 5년, 10년 후 미래 자신들의 모습을 정확하게 표현한다는 것이다. 유기농 쌈 채소로 100억 원의 매출을 올린 장안농장 류건모 대표는 '꼭 이루겠다'는 신념을 갖고 항상 긍정적인 자아상을 그렸다고 한다. 또한 실패는 성공으로 가는 과정으로 생각하고 '안 된다'는 편견을 버렸다고 한다.

성공한 귀농인은 농산물과 관련된 시장 현상들을 다양한 각도로 보려고 노력한다는 점에서도 남다르다. 직장인들이 점심으로 간편하면서도 건강에 유익한 음식을, 적정한 가격에 먹기를 원한다는 점에 착안해 친환경 웰빙도시락 '유기농 재배 연잎밥'을 만들어 도시 직장인의 호응을 얻은 귀농인도 있다.

이와 함께 '메디치 효과'에 충실하다는 것이다. '메디치 효과'란 서로 관련이 없을 것 같은 다양한 분야가 교류, 융합해 창조적·혁신적 아이디어를 창출하는 경영방식이다. 농업인이 제아무리 좋은 농산물을 생산·가공해도 마케팅이 제대로 이뤄지지 않으면 농업경쟁력은 제로이다. 성공한 귀농인들을 보면 음악·미술·전통문화·놀이·체험 등을 생산·가공의 농업과 융화시켜 '가치'를 창출하고 있다. 귀농 희망자들은 이 같은 성공 귀농인을 모델로 삼을 필요가 있다.

이와 함께 정부 및 지자체는 귀농인들의 정착을 위해 실효성 있는 지원책을 마련해야 한다.

가까운 일본에서는 귀농 인구를 늘리기 위해 다양한 프로그램을 시행하고 있다. 특히 45세 이하의 청년이 영농을 희망하면 7년에 걸쳐 급여를 지원한다. 유럽연합(EU)도 2015년부터 40세 이하의, 농업을 시작하거나 시작한 지 5년 이내인 농업인을 대상으로 5년간 '청년 농업인 직불금 지급 제도'를 도입할 예정이다.

귀농인 스스로 성공적인 정착을 위해 노력해야겠지만 정부도 젊은 귀농인들의 유입을 위한 지원에 나서야 한다. 귀농인들의 성공적인 정착은 우리 농촌의 미래와도 무관하지 않기 때문이다.

[농민신문 2012년 8월 6일 게재]

16. 농업의 블루오션 전략

'성공하려면 남이 가는 길에서 앞서가든지 아니면 남들이 가지 않는 길로 가라'는 말이 있다. 남보다 앞서가는 길이 레드오션이라면, 남들이 가지 않는 길은 블루오션이다. 상품투자의 귀재 짐 로저스(Jim Rogers) 회장은 "농부라는 직업은 지난 30년간 어려운 직업 중 하나였지만 향후 20년간 가장 선망의 대상이 될 것"이라며 자신은 농업 분야에 투자하겠다는 의견을 피력했다.

그것은 지난 몇 년간 세계적으로 농산물 재고량이 최저치를 기록했다는 사실을 근거로 한다. 또 농산물 가격 상승률이 타 산업 분야 가격 상승률 속도보다 더 빠르게 오른다는 사실 역시 간과할 수 없다. 잦은 기상이변으로 농산물 공급이 원활하지 못하며 신선 농산물을 찾는 수요가 지속적으로 늘어가는 것도 주목할 만한 현실이다. 이러한 점으로 미뤄 농업은 한물간 산업이 아니라 도전해볼 만한 산업으로 떠오르는 것이다.

레드오션에서 벗어나지 못하는 농업인은 배추가격 등락에만 관심을 쏟는다. 지난해 배추가격이 1만 원을 넘었을 때, 너도나도 배추를 심어야겠다고 생각했지만, 배추 한 포기 시장가격이 3,000원에서 500원으로 떨어지자 애써 지은 배추를 갈아엎는 일까지 생겼다.

신선 배추나 고랭지배추 등의 저농약, 무농약, 유기농 재배를 희망하는 농업인은 그나마 덜 푸른 빛이 남은 레드오션 시장에서 경쟁하나 좀처럼 친환경농산물에 대한 소비자의 신뢰를 얻기에는 역부족이다. 얼마 전 TV를 통해 '엉터리 항암 배추', '혈당을 낮춰준다는 당조고추 효능이 의심스럽다'는 제목의 프로그램이 방영되었다. 이들 방송은 친환경농산물을 생산하는 농업인에게는 치명적인 피해를 주었다. 이러한 언론보도로 어려운 영농환경에서 힘들게 농사짓는 친환경농산물 생산 농업인들은 농약 등을 사용해 손쉽게 생산하려는 유혹에 빠지게 되어 친환경농산물에 대한 불신의 악순환 연결고리는 시장에서 더욱 깊어가고 있다.

그렇다면 어떻게 내 농업의 블루오션을 찾을 것인가? 일반적인 시각에서 벗어나 새로운 시각을 가져야 한다. 시장의 경계선을 새롭게 정의해야 한다. 일반 농업인들은 도시 직장인들의 점심 가격에 관심이 없다. 더욱이 그들이 어떤 음식을 원하는지도 관심이 없다.

그러나 블루오션 시장을 창출한 농업인은 구매자가 구매결정 전에 대안상품과 해당 상품을 저울질한다는 점을 안다. 그래서 친환경 웰빙도시락 '유기농 재배 연잎밥'을 도시 직장인에게 제공했다. 농산물 시장 경계선을 넘어 도시직장인 시각에서 먹거리에 대한 생각들을 확장한 결과다. 이것이 농업의 블루오션 전략이다. 이 전략은 경쟁을 무의미하게 하며 최소 일정 기간 경쟁자가 존재 않는 블루오션 시장을 구축할 수 있다.

대한민국 농업인 모두가 새로운 시장 공간을 뜻하는 블루오션 전략에서 농업·농촌의 미래를 찾아보자. 분명 농업 분야는 성공 여지가 많고 개발 잠재력이 큰 분야임에 틀림이 없다.

[경남도민일보 2012년 7월 27일 게재]

17. 우리 농산물 제값 받는 방법

수입 농산물이 물밀듯 들어와 애써 지은 우리 농산물이 제값을 받지 못한다. "수입 농산물 때문이다"라고 외치고만 있기에는 농부의 땀과 한숨이 너무 깊다. 농부의 수고에 걸맞은 가격을 받을 방법은 없을까?

과거 생산만 하면 팔리던 공급 시대에는 대량 생산에 치중했다. 하지만 지금 그랬다가는 망한다. 그런데도 아직도 '생산이 곧 판매'라고 생각하는 농업인들이 많은 것 같다. 이들 대부분은 소농이거나 겸업농가다.

우리 농업인의 대다수를 차지하는 이들 소농·겸업농가들은 무엇보다 자신이 생산한 농산물의 부가가치를 높여야 한다. 그렇지 않으면 대농이나 수입 농산물과의 경쟁에서 백전백패를 당할 것이 자명하다. 단순 생산 농산물에 2~3배의 가격을 지불할 소비자가 얼마나 되겠는가.

최근 소비자의 특성이 변화하고 있다. 소비자는 소비만 하는 것이 아니라 마케팅 과정에 참여하고, 사회 이슈에도 민감하게 반응한다.

이들 트라이 슈머(Try Sumer · 체험적 소비자)들의 마음을 움직이려면 앞으로 우리 농산물은 단순 포장의 '제품'에서 벗어나 '상품'으로 진화해야 한다. 다시 말해 깔끔한 포장과 더불어 먹기 편하게 단위를 줄이거나 가공하는 등 소비자의 기대에 부응하는 '기대상품'으로 탈바꿈해야 팔린다. 더 나아가 고객이 기대하는 이상의 것을 포함하는 '확장상품' 또는 높은 신뢰감을 주는 '잠재상품'으로 개발되어야 한다. 그렇게 해야 제값을 받을 수 있다.

어떻게 해야 농산물을 확장상품이나 잠재상품으로 만들 수 있는가? 무엇보다 소비자의 신뢰를 얻어야 한다. 그 방법 중 하나가 농산물에 '스토리텔링'이라는 옷을 입히는 것이다. 스토리텔링(Storytelling)이란 이야기(Story)와 말하기(Telling)의 합성어로, 상대방에게 알리고자 하는 바를 재미있고 생생한 이야기로 설득력 있게 전달하는 것이다.

우리 조상들은 이야기를 '이어약'이라 했다. '약보다 더 이로운 것(利於藥)' 또는 '귀로 먹는 약(耳於藥)'이라는 뜻이다. 입으로 먹는 보약인 '우리 농산물'에 귀로 먹는 보약인 '이야기'가 합쳐지는 것이 바로 농산물 스토리텔링이다. 배불리 먹는 단계를 지나 깨끗하고 안전한 상품을 원하는 소비자에게 신뢰를 주는 방법은 바로 진솔한 생산 과정의 이야기와 더불어 정이 넘치는 농업 · 농촌 이야기를 맛깔스럽게 전하는 것이다.

소비자는 이미 기존 정보나 관습에 얽매이지 않고 새롭게 시도하고 체험하는 트라이 슈머로 진화했다. 이제 우리 농업인들도 스토리텔링의 접목으로 농산물에 '부가가치'란 날개를 달아야 할 때다.

[농민신문 2012년 6월 1일 게재]

18. 행복한 노후생활의 성공방정식

농경시대에는 은퇴가 없었다. 산업이 발달하면서 직장을 가지게 되었고, 일정 기간이 지나면 직장을 떠나야 한다. 그나마 평균수명이 60~70세인 산업시대에는 은퇴 후 짧은 노후기간을 퇴직금 등으로 살아갈 수 있었다. 의료기술발달은 생명 연장이라는 선물을 우리에게 주었다. 산업시대보다 무려 평균 수명이 25년 이상 연장되었다. 바야흐로 100세를 사는 세상이다.

그런데도, 생명 연장에 기뻐하는 사람들이 줄고 있다. OECD 국가 중 자살률 1위. 하루 평균 34명이 자살한다. 노인자살률은 더욱 심각하다. 이는 노령 인구가 은퇴 이후에 경제적·정서적으로 얼마나 절망적 상황으로 빠져들고 있는지 극명하게 보여준다.

복지국가를 자처하는 여러 선진국에서도 은퇴 후 삶을 더는 책임지지 않으려 한다. 출산율이 떨어지는 현재 상황을 고려하면 급격히 늘어나는 고령인구를 누가 부양할 것인가? 이는 '어떻게 노후를 보낼 것인가?'라는 또 다른 표현이다.

많은 사람이 노후를 전원에서 생활하며 지내길 꿈꾼다. 그런 까닭에 농촌으로 향하는 사람들이 늘어나고 있다. 귀농·귀촌 가구는 2001년 880가구에서 2011년 1만5,000가구를 넘었다. 올해는 두 배 이상 증가할 것으로 정부는 전망했다. 이에 따라 정부는 귀농·귀촌을 원하는 사람들에게 지역 정보, 영농기술, 교육·주거 문제 등 다양한 정보와 지원을 해주고 있다.

귀농·귀촌은 분명 생명 연장을 축복으로 받아들일 수 있는 좋은 대안이다. 그러나 우리가 간과해서는 안 될 사실이 있다. 귀농·귀촌한 사람 10명 중 7~8명은 다시 도시로 되돌아간다. 그 이유는 뭘까? 생각보다 힘든 농사일, 주변 이웃과의 불화, 고립된 생활의 외로움, 도시소비생활에 대한 향수(?) 등 그 이유가 다양하다.

이러한 이유를 종합하면 '준비되지 않은 상태에서 성급히 귀농·귀촌한 결과'이다. 실패하는 사람 대부분이 제대로 된 귀농·귀촌 교육을 받지 못했을 뿐만 아니라 정보의 홍수 속에서 올바른 판단을 하지 못한 까닭이다.

미래는 순전히 스스로 책임을 져야 하는 시대이다. 노후를 위한 행복한 귀농·귀촌 성공방정식은 '행복한 노후생활 = 귀농·귀촌 교육 × 부부 합심'이다.

　　부부가 함께 귀농하지 않는 기러기 귀농·귀촌은 성공확률이 거의 없다. 제대로 된 노후생활을 꿈꾼다면 먼저 부부가 함께 귀농·귀촌 교육에 참가하길 권한다.

[경남도민일보 2012년 4월 3일 게재]

19. 구제역, 농가에 책임 돌리지 말라

　　오늘날 우리 인간은 불확실한 세계에 살고 있다. 불확실성 하에서 의사결정을 할 때는 더욱 혼란스럽다. 일본의 경제학자 고지마 히로유키는 합리적인 선택과 올바른 선택의 구별을 강조했다. 심각한 병에 걸린 환자가 의사로부터 "수술받지 않으면 5년 동안 살 수 있는 확률이 50%, 수술을 받으면 90% 이상입니다. 하지만 이 수술은 어려운 수술이기 때문에 사망하게 될 확률도 1% 정도 됩니다. 수술하시겠습니까?"라는 얘기를 듣는다면 대부분의 사람은 합리적인 선택과 기대치 수준에서 수술을 선택한다고 한다. 그러나 운이 지독히도 나빠 수술 중에 환자가 죽었다고 하자. 이 경우 이 선택은 올바른 선택이었을까? 그 사람이 우리 자신 혹은 가족이었다면 단순히 운이 나빴다는 말로 끝낼 수 있는 문제일까?

　　사전에는 올바른 선택이었을지 모른다. 하지만 결과적으로 보면 올바른 선택이 아니었다. 불확실한 세계에 사는 우리는 어떠한 선택을 결정해야 하는가? 아직 그 해답은 없다. 더 높은 확률이나 기대치가 올바른 선택이라고 생각하는 사람들이 다수를 지배하는 세상이다. 그 근간에는 기대 대비 손실의 양이 얼마나 큰가에 따라 올바름을 판정하는 빈도적 발상이 있다. 하지만 우리는 합리적인 선택에 앞서 올바른 선택을 하기 위해 간과해서는 안 될 소수가 있다.

자원이 부족한 국가에서 국제경쟁 시대에 살아남기 위해 자동차나 반도체 등 첨단산업에 정부정책을 집중하는 것은 분명 합리적 선택일 것이다. 정부가 주도하는 정책들이 국민의 90% 이득과 10% 손실이라는 기대치 수준의 발상은 정책을 시행하는 입장에서는 아무런 잘못이 없다. 하지만 불확실한 재난과 고통에 직면한 소수의 당사자에게는 이런 다수의 행복 원칙은 아무런 의미가 없다.

다른 산업에 비해 규모나 관심이 소홀히 다루어지는 분야가 바로 농업이다. 이번 구제역으로 애지중지 키우던 가축들을 땅에 묻은 축산 농가들에는 시의성을 놓친 합리적 선택은 아무런 의미가 없게 느껴질 것이다. 올바른 선택이 아닐 것이다.

지난 13일 구제역 같은, 가축전염병 확산 방지를 위한 가축전염병 예방법 개정안이 국회 본 의회를 통과했다. 이번 개정안으로 해외 가축전염병 유입 차단 및 국내 방역체계가 강화될 것으로 기대된다.

그러나 축산농가와 외국인 노동자에 대한 단속과 처벌에 관한 조항을 포함하고 있다. 이런 조항들이 자칫 구제역 발병의 책임을 농가에 돌리는 듯한 오해를 불러올 수도 있다. 구제역으로 가장 고통

받는 사람은 축산농가다. 외상 후 스트레스장애(트라우마 Trauma)를 호소하는 축산농가들이 늘어나고 있다고 한다.

구제역 발병 원인과 대책을 오로지 빈도적 발상으로 이번 개정안을 통과시켰다면 우리의 농업과 농촌은 더욱 어려워질 것이다. 또한 농업 정책들의 대부분이 이러한 사고방식으로 시행되지는 않는지 점검해 보아야 한다.

[매일경제 2011년 1월 27일, 경남도민일보 1월 24일 게재]

제 6 장

【共感】
세상을 느끼다

1. 갑질하는 세상을 값진 세상으로

식약동원(食藥同源)이란 식품과 약품은 그 근원이 같다는 뜻으로, 사람마다 자신에게 맞는 음식을 먹으면 그 음식은 보약이 되고, 맞지 않은 음식을 계속해서 먹으면 독약이 된다는 의미를 담고 있다. 우리가 사는 세상도 마찬가지인 것 같다. 사회에 적합한 가치나 경제시스템은 좋은 사회 환경을 만들지만 그렇지 아니하다면 사회 구성원의 삶은 팍팍해질 수밖에 없다.

얼마 전 식품회사 회장과 약품 회사 회장의 대비되는 행동이 반향을 불러일으켰다. 식품회사 회장은 상습적으로 직원에게 폭행을 가했던 반면, 약품 회사 회장은 1,000억 원이 넘는 자신의 주식 약 90만주를 전 직원에게 무상 증여했다. 이 두 행위는 이기심과 이타심의 발로다. 또한 이 회장들의 행태 이면에는 '함께 사는 세상, 더불어 나누면서 살자'라는 사회적 경제와 '나만 잘 살면 된다.'는 자본적 독식의 경제체제가 숨어 있다.

자본은 '복지가 될 수도 있고 갑질'이 될 수도 있다. 돈으로 매질하는 경영인부터 지위를 빌미로 성추행하는 교육자들에 이르기까지 폭력과 갑질이 난무하는 것을 보면, 복지보다 갑질 사회로 향하는 것 같다. 그동안 폭력과 갑질을 서슴없이 행한 비도덕적인 사람이나 조직에 처벌과 불매운동 등 상황적 압력을 가해왔다. 하지만 너무나 미약했다. 매번 솜방망이 처벌과 일시적인 비난과 질책에 그친다면 폭력과 갑질 행위는 멈추지 않을 것이다.

비도덕적이고 반사회적인 행태에 보다 강력한 법적 처벌과 지속적인 사회적 응징이 필요하다. 더불어 '자본 중심' 사회를 '사람 중심' 사회로 전환해야 한다. 사람 중심 사회란 인간의 가치가 자본보다 중시되고, 사람이 사람대접을 받는 더불어 사는 공동체이다. 이러한 공동체 정신에는 윤리적이고 도덕적인 가치가 있다. 바로 정직, 열린 마음, 사회적 책임, 타인에 대한 배려 등이다. 정직과 열린 마음은 사람으로서 마땅히 행하거나 지켜야 할 도리인 내부를 향하는 윤리이고, 사회적 책임과 타인에 대한 배려는 사회의 구성원으로서 지커야 할 외부를 향하는 도덕이다.

이러한 윤리적·도덕적 가치를 추구하는 사람 중심의 조직이 있다. 바로 협동조합이다. 협동조합은 자유를 인정하면서 평등을 그 위에 두고, 평등을 내세우면서 공정성을 잃지 않는다. 그런 까닭에 연대가 가능하다. 협동조합의 출발점은 자조(Self-help)이다. 자조란 구성원 스스로의 마음속에 타인의 복지를 생각하는 마음이 일어나도록 촉구하는 것이다. 이 모든 것은 민주주의에 대한 강한 믿음이 있어서 가능하다.

자본주의 시장경제체제가 우리에게 자유와 풍요를 가져왔음을 부인할 수 없다. 그러나 평등, 공정 그리고 윤리성이 결여된 '자본 중독' 증세가 만연하면서, 소수 집권층의 배타적 행위와 권력으로 점철된 인류 역사로 회귀한 듯한 느낌마저 든다. 자본이라는 식품이 약품이 되기 위해서는 사람을 사람으로 보는 인간 중심의 기본 가치가 우리 사회에 올바르게 정착되어야 한다. 아울러 협동조합 경제시스템이 제대로 안착할 수 있도록 관심과 지원을 아끼지 않아야 한다. 그래야 우리 사회는 '갑질'이 난무하는 세상에서 벗어나 '배려사회'로 나아갈 수 있다.

[강원일보 2016년 6월 14일, 경남도민일보 2월 18일,

인천일보 2월 15일 게재]

2. 즐기는 농구로 지역 농구를 지키자

중·고등학교 농구는 프로농구에 못지않게 흥미진진하다. 왜냐하면 앞으로 농구계를 이끌어갈 꿈나무들의 성장하는 모습을 그대로 볼 수 있기 때문이다. 지난달 경남 사천에서 열린 춘계전국남녀 중고농구연맹전을 출발로 2016년 중·고등학교 농구가 시작됐다. 그런데 경기를 하는 선수들과 그 주변을 유심히 지켜보니 참가 팀마다 분위기가 확연히 달랐다. 자신감에 찬 모습을 보이는 팀과 뭔가 불안정한 모습을 보이는 팀으로 뚜렷이 구분됐다. 그 이유가 궁금했다.

안내장에 쓰인 선수명부를 보니 학교별 선수 인원이 7명에서 20명으로 편차가 컸다. 강한 팀은 일정 인원 이상의 선수를 보유하고 있고, 전력 면에서도 탄탄해 보였다. 또 감독, 코치뿐 아니라 A 코치와 트레이너 선생님이 표기돼 있어 눈길을 끌었다. 농구부 자체버스를 보유하고 있는 학교도 있었다. 이러한 조건을 갖춘 학교들 대부분이 수도권에 있다. 그런 탓인지 남녀 중·고등학교별 우승팀 역시 모두 서울을 포함한 수도권 학교였다.

서울 및 수도권 중·고등학교에 뛰어난 농구부가 있는 이유는 당연해 보인다. 많은 인구가 그곳에 살기에 농구 예비인력이 풍부하고, 내노라하는 지도자들이 지방에 비해 상대적으로 많기 때문이다. 사실 농구가 다른 운동경기에 비해 비인기 종목으로 취급받다 보니 농구선수를 꿈꾸는 학생들이 점점 줄어들고 있다. 그래서 수도권과 지방 모두 선수 수급에 어렵기는 매한가지다. 하지만 수도권과 지방 간의 편차가 너무 심해지는 것 또한 사실이다.

이런 지역 편차와 더불어 일부 학교 관계자들의 중·고등학교 농구부를 보는 시각이나 태도가 지역 농구의 걸림돌이 되고 있다. 바로 성과주의 사고방식이다. 예를 들면 '경기에서 우승하면 좋은 시설, A 코치와 트레이너 등을 지원하겠다'는 식이다. 이러한 성과주의가 우리 사회에 만연하면서 세상 모든 것을 경쟁하게 한다. 자본주의 세상에서 보면 당연해 보인다. 물론 운동경기에서도 성과는 중요하다.

그러나 학교와 학생에게 성과주의의 잣대를 갖다 댄다면 삶을 즐길 줄 아는 자율성을 가진 인성의 소유자로 육성할 수 없을 것이다.

'뛰어난 자는 즐기는 자를 넘지 못한다'는 말이 있듯이 우리 아이들이 성공적인 농구선수가 되기 이전에 자율적 행동을 할 수 있는 사회구성원으로 자라나게 해야 한다. 중·고등학교 농구가 성과주의의 함정에 빠지지 않으려면 '원하는 만큼 사랑과 지원을 주겠다. 마음껏 즐겨라'고 응원하는 학교를 포함한 교육 당국과 지자체의 진정한 관심과 지원이 필요하다. 그래야 지역 농구를 지킬 수 있다.

관공서와 공기업의 지방 이전에도 불구하고 아직도 취업예비자들 대부분이 지방보다 서울이나 수도권을 선호하는 걸 보면 수도권 집중화 현상은 여전히 유효하다. 돈과 복지가 일부 사람이나 특정 지역에 집중되는 현상은 분명히 사회적 갈등을 유발한다. 사회균형은 지역발전을 기반으로 해야 한다.

또 지역발전은 성과지향의 산업에만 있는 것이 아니라 미래 세대들에 대한 관심과 육성에 있다. 다양한 양상으로 나타나는 사회 양극화 현상과 성과주의 함정의 해결점을 지역 중·고등학교 농구 활성화 시도에서 찾아보자. 어쩌면 이러한 시도는 우리 사회를 붕괴시키는 가장 큰 갈등요인으로 다가오는 사회 양극화 현상을 해결하는 실마리와 올바른 성과주의의 안착을 제공할지도 모를 일이다.

[인천일보 2016년 3월 26일 게재]

3. 권력 비리에 엄중한 처벌을

최근 흥행에 성공하는 영화 소재 중 하나가 '권력 비리'이다. 시나리오 대부분은 정치권력과 공권력을 행사하는 검·경찰, 그리고 돈줄인 범죄집단 내지는 재벌들 간에 벌어지는 암투극이다. 1,000만 관객 수를 목전에 둔 영화 '검사외전'도 검사가 살인누명을 쓰고 감옥에 들어갔다가 사기꾼과 합심해서 누명을 벗고 풀려나는 내용이다.

영화를 보는 순간만큼은 사회의 일원으로서 분노하고, 부도덕한 권력자들의 몰락에 통쾌함을 느꼈다. 이 영화의 결말은 정의(?)가 승리한다. 사실 '정의의 승리'라는 표현보다는 오히려 '억울함의 해소'

220

가 더 적절해 보인다. 암튼 이러한 보복은 거의 현실성이 없다. 단지 영화 속에서만 가능하다.

그렇다면 영화는 영화일 뿐일까. 재벌의 맷값 폭력, 땅콩 회항, 구둣발 회장 등 가진 자들의 갑질은 끊임없이 일어나고 있다. 어디 그뿐인가. 정치·경제인 등 사회지도층 유력인사에 대한 법원의 집행유예, 검찰의 기소유예를 정당하다고 믿는 사람을 찾아보기 힘들다. 이는 그동안 갑질이나 권력 비리에 대한 처벌은 솜방망이 수준이었다는 방증이다.

영화 '내부자들'에서 언론주간 이강희는 다음과 같이 말한다.
"대중은 적당히 짖어대다 조용해질 겁니다."
이는 대중의 분노에 발라맞추는 보도를 내보낸 방송 및 언론매체의 일면이다. 그러다 보니 사회적 분노와 여론은 일시적인 경우가 많았다. 윤리와 도덕성은 혼탁해져 어처구니없게도 극악무도한 흉악범조차 유전병실(有錢病室) 무전감방(無錢監房)을 외치는 실정이다.

'녹비(鹿皮)에 가로 왈 자'처럼 법이 줏대 없이 움직인다면 누가 국가에 대한 신뢰를 갖겠는가. 사회가 공평하고 공정하다는 믿음이 사회구성원들 사이에 약해지지 않도록 해야 한다. 그러기 위해선 비도덕적이고 반사회적인 권력 비리에 대한 일벌백계의 엄중한 법적 처벌과 함께 지속적인 사회적 감시가 필요하다.

[경남도민일보 2016년 3월 2일, 전남일보 2월 25일 게재]

4. 지역 물품 나눔센터와 지역통화

계륵이라는 말이 있다. 이는 '닭의 갈비'라는 뜻으로, 큰 쓸모나 이익은 없으나 버리기는 아까운 것을 비유한다. 현대는 계륵과 같은 물건들이 넘쳐나는 세상이다. 우리 주변을 둘러보면 사용하다가 남는 물건들이 어김없이 있다. 보관할 공간이 있으면 그나마 다행이다. 어쩌다 보관도 오래 하다 보면 잊어버리기 십상이다.

이처럼 가정집마다 버리기는 아깝고 가지고 있기에는 부담되는 다양한 생활용품들이 넘쳐난다. 누군가는 용품 정리함을 구입하여 정리하기도 한다. 그런데 세월이 지나다 보면 정리함을 정리해야 하는 악순환에 부딪히게 된다. 이런 용품들을 처리하기 위해 어떤 사람들은 인터넷을 통해 구매자를 찾기도 하고, 과감히 버리기도 한다. 요즘에는 버리는 것조차 비용을 수반하니 알뜰 주부의 고충은 이만저만하지 않다. 혹 바자회 등에 기탁도 해보지만 만만찮은 것이 현실이다.

기업이나 기관 등 큰 조직에서는 과잉 물품이나 중고용품들을 처리하는 것이 일반 가정보다는 수월해 보인다. 이는 처분하고자 하는 용품들이 동일하면서 일정 수량 이상이 되기 때문이다. 이와 같은 용품들을 가정별로 처분하기에는 분명한 한계가 있다. 그렇다면 지역별로 이러한 용품들을 수거하고 필요로 하는 사람에게 교환해주는 상설기구인 '지역 물품 나눔센터'를 개설해보는 것은 어떨까? 버리기에 아까운 물건들을 지역 물품 나눔선터에 신고하면 센터는 그 물건을 수거해가고 센터 홈페이지에 수거 물품을 등재시켜 필요한 사람들에게 나눠 주는 역할을 한다면 나눔을 통해 사회공동체의 일체감은 더욱 두터워질 것이다.

이러한 맥락에서 각 지자체는 지역 물품 나눔센터를 개설 운영할 필요가 있다. 아울러 물품 나눔의 참여를 유도하고 활성화하기 위해서 최근 사회변혁의 레버리지 포인트로 불리는 '지역통화'를 운영해야 한다. 지역통화는 법정통화의 한계를 보완해준다. 물품이나 용품을 센터에 기부하는 사람들에게 지역통화를 적립시켜주고 일정 부분을 지역경제와 융합시켜 운영한다면 지역경제 활성화에도 큰 도움을 줄 것이다. 또한 기부 물품으로 적립된 지역통화에 대한 세금공제(기부금)에도 활용할 수도 있다. 이러한 물품을 처분하여 생기는 수익 등은 지역의 공공복지 부분에 사용하면 된다.

투자분석가 칼 프랭클린은 그의 저서 '서상을 바꾼 혁신 vs 실패한 혁신에서'에서 성공과 실패는 시간, 공간. 인식의 함수라고 지적했다. 참으로 공감되는 지적이다. 오늘날 '소비의 시간'에서 '나눔의 시간'을, '세계화의 공간'에서 '지역의 공간'을, '소유의 인식'에서 '배려의 인식'을 찾을 때 우리는 더욱 따뜻한 세상을 함께 공유하고, 희망찬 미래를 다음 세대에게 넘겨줄 수 있을 것이다.

[전남일보 2015년 6월 26일, 경남도민일보 6월 18일 게재]

5. 사투리는 지역 특성에 맞게 만들어진 무형문화재

"혁신도시 부모들 '急求(급구), 서울말 쓰는 선생님'"은 지방혁신도시로 이전한 공기업이나 공공기관의 젊은 부모들이 어린이집에 서울말 쓰는 선생님을 구해달라고 집단민원을 제기했다는 기사다. 이유인즉 자녀의 유창한 사투리 때문이다.

사투리를 기피하게 된 이유는 생활 속에서 쉽게 찾을 수 있다. '표준어란 교양 있는 사람들이 두루 쓰는 현대 서울말'로 정리한 표준어 정의가 첫째 이유다. 이를 성급하고 단순히 해석하면 사투리를 쓰는 사람은 교양 없는 사람이 되어 버린다. 그래서인지 영화나 드라마를 보면 멋지고 정의로운 사람은 서울말을 쓰는 반면 악당들은 꼭 사투리를 쓴다. 왜 표준어는 세련되고 정확한 말이라 여기고 방언은 우습고 교양 없는 말이라고 간주하는가? 동일 언어라는 관점에서 볼 때 북한 방송 아나운서가 사용하는 평양말인 문화어는 이북의 표준어다. 그런데 서울을 기준으로 하면 사투리다. 도대체 고귀한 표준어와 천박한 사투리의 경계는 누가 정한 것인가?

표준어를 올바로 배우고 사용하기 위해 서울말 쓰는 선생님을 구해달라는 혁신도시 부모들의 심정을 이해하지 못하는 것은 아니다. 그렇더라도 표준어를 사용하는 서울 문화는 고급문화로, 사투리를 사용하는 지방 문화는 저급문화로 '구별 짓기'하는 이분법적 오류는 경계해야 한다. 사투리는 그 지역의 특성과 문화에 맞게 만들어진 하나의 무형문화재다.

[조선일보 2015년 3월 27일 게재]

6. 시간이란 무엇인가

대나무의 마디처럼 한 해가 시작되는 시점이면 누구나 어김없이 알찬 계획을 세우고 싶어 한다. 그래서 지난해처럼 일, 월, 분기 등 시간 계획을 나름 잘 짜는 이들이 있는 반면에, 늘 새해 계획을 세울 때면 만족감보다 아쉬움을 더 많이 느끼는 사람도 많다.

하루 24시간은 누구에게나 공평하게 주어진다. 하지만 누군가는 시간을 잘 활용한 탓에 행복해지는가 하면 누군가는 지나온 시간을 후회한다. 어쩌면 잘못 보낸 시간으로 지금 이 순간이 고통스럽고 벗어나고 싶을지도 모른다. 왜 그럴까? 그건 시간이 무엇인지 생각해보지 않았기 때문이다. 『시간을 정복한 남자 류비셰프』라는 책 속 인물 류비셰프는 철저한 시간관리와 왕성한 지적 호기심으로, 생전에 70권의 학술서적을 발표하고, 총 1만2,500여 장에 달하는 논문과 연구자료를 남겼다고 한다.

류비셰프는 어떻게 시간을 정복할 수 있었을까? 그는 시간활용법에 대한 고민에 앞서 시간에 대한 철학을 가지고 있었다.

철학의 출발은 '무엇인가?'라는 질문에서 출발한다. 왜 진작 시간이 무엇인가에 대해 생각을 하지 못했을까? 아마 그 이유는 오늘날 현대인들 대부분이 누구보다도 그리고 어느 세대보다 온종일 눈코 뜰 새 없이 더 분주하게 사는 탓이다. 그런데도 삶의 근본에서 점점 더 멀어졌다. 왜 사는가에 대한 진지한 물음의 시간을 가질 여유가 없는 탓이다.

이 순간만이라도 '시간은 무엇인가?'를 생각해보자. 우선 사전을 검색하면 '1. 어떤 시각과 시각과의 사이, 2. [같은 말] 시각'이라고 나온다. 그래서 시각이란 단어를 찾아보면 '시간의 어느 한 시점'이란다. 늘 느끼는 것이지만 사전을 통해 낱말의 정의를 이해하기란 결코 쉽지 않다. 마치 용어정리는 다람쥐 쳇바퀴 돌 듯 그 말이 그 말인 것 같다. 시간이 무엇인지 철학자들의 말을 빌려보자. 고대, 중세, 근대(현대)라는 시계열적으로 시간에 대한 정의를 살펴보면, 먼저 고대 철학자 아리스토텔레스는 시간을 '이전과 이후라는 관점에서 보인 운동의 수'라고 말했다.

운동하는 모든 것은 시간 속에 있고, 운동의 수는 셈을 할 수 있는 인간의 영혼과 관계되어 있다고 보았다. 중세 신학자이자 철학자 어거스틴은 시간을 신이라는 영원과 대비한다. 시간은 피조물에서만 볼 수 있는 양식이며, 시간은 참된 존재가 아니므로 영혼 속에만 존재하며 영원에 돌아갈 것을 최종목표로 한다. 시간은 과거, 현재, 미래가 아니라 과거의 현재(기억), 현재의 현재(직관), 미래의 현재(예기)로 존재한다. 그래서 그는 '영혼은 기대하고(expecto) 지각하며

(adtendo) 기억한다(memini)'라고 설파했다.

이렇듯 고대와 중세는 시간을 영혼과 관련지었다.

시간이 무엇이든 우리의 삶은 시간과 관련되어있다. 시간은 사라져가는 것이지만 끊임없이 사라져가기에 시간으로써 현존한다. 제대로 된 시간 계획을 세우기 위해 우리와 불가분의 관계에 있는 시간에 대한 물음을 가져야 한다. 그래서 지금 바로 하이데거처럼 '시간이 누구인가'라고 물어보자. 어쩌면 이러한 질문으로 시간이 바로 나 자신이라는 사실을 자각할 때 시간을 알차게 보낼 수 있을지도 모른다.

"삶은 곧 규명해나가는 과정이다"라는 카뮈의 말처럼 시간 계획에 앞서 시간에 대한 자문(自問)을 통허 자신만의 시간 정의로 멋진 2015년을 설계해보자.

[인천일보 2015년 2월 3일 게재]

7. 잃어가고 있는 천재성

역사상 최고의 천재는 누구일까? 마인드맵의 창시자로 알려진 토니 부잔은 『천재에 대한 책』에서 세상에서 가장 위대했던 천재들의 순위를 매겼다. 1위는 〈모나리자〉, 〈최후의 만찬〉를 그린 레오나르도 다빈치였다. 창의성은 물론이고 다재다능함과 함께 깊이 있는 전문성이 그 이유였다. 그는 화가이며, 발명가이고 음악가, 철학자, 물리학자, 해부학자, 건축가 등 그 외 수많은 분야의 전문가였다. 대개 분야가 넓으면 깊이가 얇고, 깊이가 있으면 그 범위가 한정되어 있다고들 생각한다. 그런데 그는 어떻게 모든 분야에서 뛰어날 수 있었던 걸까? 다빈치는 사람이면 누구나 가지고 태어나는 천재성을 잘 발현시켰기 때문이다.

그런데 우리는 스마트폰에 익숙해지면서 스마트한 생각을 점점 잃어가고 있다.

글 쓰는 모습보다 자판을 두드리는 모습이 많아지고, 생각하기보다는 인터넷을 통한 검색하기에 더 친숙해져 가는 탓이다. 이런 상황이 계속된다면 생각하는 것조차 기계가 대신해야 할지도 모른다. 잃어가고 있는 천재성을 찾아야 할 시기다. 어떻게 해야 우리의 천재성을 찾을 수 있을까?

레오나르도 다빈치의 '그림 그리기'가 해답이다. '사람은 보되 제대로 보지 못한다'라는 레오나르도 다빈치의 말처럼 그림을 보고 그린다는 것은 전에 한 번도 그것을 보지 못한 사물처럼 새롭게 인식한다는 것이다. 이 말의 의미는 그림을 그리는 것을 통해 우리는 새롭게 보는 방식을 배운다는 말이다. 다시 말해 사물을 꿰뚫는 통찰력을 기른다는 말이다.

다빈치는 온몸으로 그림을 그렸다. 단순히 손으로 그리는 행위를 넘어 몸 전체의 활동을 일깨우는 작업이었다. 그리고 객관적 사물의 개념에서 벗어나 사물의 특성을 간파했다. 예를 들어 사과를 그린다면 '사과'라는 사물 자체의 개념을 버리고, 사과의 형태와 색조, 질감이라는 특성 등에 초점을 가지고 관찰했다. 마지막으로 많이 보고, 많이 그리는 것이다. 천재는 사물을 완전히 외웠다고 생각이 들 때까지 그리고 또 그렸다. 그렇게 함으로써 사물을 온전히 그릴 수 있었고, 사물의 깊숙한 특성을 꿰뚫어 볼 수 있었다. 그러기에 그림 그리기는 생각을 일깨우는 작업이다.

초중학교를 지나면 그림 그리기는 아득한 추억이 되고 마는 것이 현실이다. 그러다 보니 진작 창의성을 외치면서도 '생각 작업'은 없다. 청명한 늦가을의 하늘을 그려보자. 맑은 하늘을 그리는 동안 우리 내면에 잠자고 있는 천재성이 깨어날지도 모를 일이다.

[인천일보 2014년 12월 24일 게재]

8. 시소가 주는 교훈

시소는 긴 널빤지 한가운데를 괴어 그 양쪽 끝에 오르락내리락하는 놀이기구이다. 초등학교 운동장 한 모퉁이에 어김없이 자리해 있다. 예전에 친구랑 둘이서 한번은 내가, 한번은 네가 하면서 올렸다 내렸다 했던 추억의 장소이기도 하다.

시소 놀이는 어린이들이 몸의 평형기능, 리듬감을 가지게 하는 데 유용하다. 하지만 혼자서는 하지 못한다. 둘이나 그 이상의 사람이 있어야 한다. 그리고 받침대로부터의 거리와 올라앉는 사람의 무게에 따라 평형이 좌우된다. 만약 몸무게가 차이 나면 몸이 무거운 사람이 널빤지의 중심축 방향으로 다가오든지 아니면 가벼운 쪽에 사람이 더 많이 앉아야 한다. 그래서 타인에 대한 배려를 전제로 하는 놀이이며, 승부가 없는 놀이다. 특히 협동심을 기르는 데 적합한 놀이인 탓에 대부분의 유치원이나 초등학교에 설치되어 있다.

그런데 중학교에 들어서면서 시소는 운동장에서 사라진다. 고등학교, 대학교에서는 시소를 찾아볼 수 없다. 만약 그곳에 시소가 있다면 예술품이거나 학습 도구용일 것이다. 왜 자라나면서 시소 놀이는 우리에게서 멀어지는 것일까? 왜 학년이 올라가면 갈수록 시소에 앉는 일이 줄어들까? 누구도 그 이유를 알려고 하지도 않고 알려주지도 않는다. 분명한 건 갈수록 이김과 짐이 분명한 게임을 즐긴다는 것이다. 학교에서는 학급등수로, 입시에서는 당락으로, 회사에서는 승진경쟁으로, 사회에서는 빈부 경쟁으로 양분된다. 그 결과 세계 15위 경제 대국이라는 이면에는 '최저생계비 이하로 살아가는 절대 빈곤율 7.6%, 중위소득의 절반이 안 되는 수입으로 생활하는 상대 빈곤율 14%, 근로자 3명 중 1명은 비정규직'이라는 어둠이 있다. 한국의 노년은 더욱 슬프다. 65세 이상이 되면 2명 중 1명은 상대적 빈곤 '절망'에 빠져야 한다.

어쩌면 글로벌 비즈니스 경쟁이니 하는 격렬한 삶 속에서 배려보다는 승부욕이 더 필요할지도 모른다. 이러한 경쟁원리의 밑바탕 속에 성장을 이룩한 것도 사실이다. 그러나 최근 논란에 있는 복지논쟁을 이러한 입장에서 본다면 해답을 찾기 어렵다. 시소의 받침대를 이동하여 무게중심을 맞추기에는 양 축의 격차가 너무 심하다. 다시 말해 사회시스템으로 해결하기에는 양 계층의 의견이 너무나 팽팽하다. 이제 시소의 중심 받침을 옮기기 전에 양축의 균형을 이루기 위해 무엇이 필요한지 살펴야 한다.

만약 우리 사회에 패자들이 부활할 수 있다는 희망의 분위기가 사라진다면 그래서 승자는 계속 승리하고, 패자는 절망하는 모습을 보인다면 사회적 연대는 무너질 것이다. 상대적 빈곤으로 절망하는 이들을 시소가 있는 놀이터 밖으로 내몰아 선 안 된다.

가을낙엽에 소복이 싸여 주인을 잃은 시소가 우리 사회의 깊어져 가는 불평등의 무게를 깨우치게 한다. 시소의 움직임에서 세상의 움직임을 읽는다. 번갈아가며 아래위를 움직이는 시소처럼 우리 사회가 원활하게 돌아가기 위해선 반드시 양축에 균형을 이루어야 한다.

[서울신문 2014년 11월 25일. 문화일보 11월 19일 게재]

9. 신(神)이 된 돈에

언제가 고교동창생 열 명에게 '세상에서 가장 가지고 싶은 것이 뭐니?'라고 질문한 적이 있다. 10명 모두 '돈'이라고 대답했다. 자녀 결혼, 노후생활을 대비해야 하는 오십 대의 나이에 가장 필요한 것이 돈일지도 모른다. 하지만 누군가는 분명 "돈보다 건강이나 사랑이다"라고 외치고 싶었을 것이다. 그런데 '건강도 돈이 있어야 지킬 수 있고, 사랑이나 우정도 돈이 있어야 유지할 수 있다'라는 반문 또한 부인하기 어려운 현실이다. 높은 이념이나 사상을 실천적으로 행하면서 살아가는 사람들을 좀처럼 찾아보기 힘들다. 버스나 지하철을 타는 노인들에게 "도대체 얼마나 무능했으면 그 나이에 버스를 타고 다녀"라고 자위하며 경로석을 양보하지 않는 젊은 사람들과 자리를 양보하지 않는 젊은이들에게 욕설을 퍼붓는 노인들의 이야기 속에는 감춰진 돈의 위력이 숨겨져 있다.

사랑도 권력도 명예도 심지어 생명조차 돈으로 다 살 수 있다고 생각하는 사람들이 점점 늘어만 가는 것 같아 안타깝다. 더욱이 개인이나 기업뿐만 아니라 국가 또한 자본이라는 고상한 언어로 둔갑한 돈에서 자유스럽지 못한 것을 볼 때면 비애감마저 든다. 안으로는 복지예산 삭감, 밖으로는 국가 간 무역협상의 최우선은 경제적 이익으로 점철되는 것만 보아도 돈의 위력이 점점 강력해짐을 실감한다. 돈을 우리 사회의 바로미터로 여기는 풍조가 여기저기에서 나타난다. 심지어 경제력이 없거나 약한 사람을 무능력자 내지는 사회의 낙오자로 취급하는 야구방망이를 든 자본가의 행위가 드러날 때면 가히 돈은 신(神)적 존재가 된듯하다.

그러나 신(神)이 된 돈이여, 〈노아의 방주 이야기〉를 명심하라. 한 번도 비가 내리지 않은 지역에 살았던 노아가 커다란 방주를 만들자 주변의 모든 사람은 그에게 왜 그렇게 의미 없는 일로 시간을 허비하느냐고 비웃었다. 하지만 대홍수는 일어났다. 돈의 세상이 이 세상의 종착점이라 믿는 자들이 있다면 사막 한가운데서 방주를 만들었던 노아를 상기할 필요가 있다.

『돈』이라는 책을 쓴 보도 섀퍼는 논리적인 계산으로 설명할 수는 없지만 '주는 자가 더 많은 돈을 갖는다'라고 말한다. 더불어 사는 세상의 의미를 알아야 한다는 의미이다. 오늘날 우리 사회에 심각해져 가고 있는 불공평한 분배는 평화와 행복을 위협한다. 돈은 인간에게 유용한 도구일 뿐이다. 돈은 이제 본연의 제자리를 찾아야 한다. 거기로 가는 길은 어둡고 수많은 분쟁의 불씨를 안고 있다. 하지만 그 길을 밝혀주는 하나하나의 표지가 소중하다는 사실을 인식해야 한다. 세상은 그런 표지의 역할을 할 사람들이 늘어나야 한다. 그래야 돈이 신(神)이 되는 것을 막을 수 있다.

[매일신문 2015년 1월 6일, 인천일보 2014년 11월 25일 게재]

10. 영화 〈명량〉 그리고 이순신에 열광하는 이유

"역사적 성공의 반은 죽을지도 모른다는 위기에서 비롯되었고, 역사적 실패의 반은 찬란했던 시절에 대한 기억에서 시작되었다"고 역사학자 아널드 토인비는 역설했다. 최근 이 글귀가 〈명량〉이라는 영화를 통해 귓전에 울리는 듯 또렷이 들린다. 7월 30일 영화가 개봉된 이후 지금까지 관객이 1,700만 명이 넘었다고 한다.

수많은 사람이 이 영화에 열광한 이유는 뭘까? 이 영화의 작품성이 그 원인일까? 작품성에 그 원인을 전적으로 두기엔 논란이 적지 않다. 그렇다면 그 원인은 뭘까? 어떤 시대의 사회가 지니는 특성,

즉 '시대성'에서 찾아보는 것은 어떨까?

정유재란이 일어났던 16세기 말 중국의 북방에서는 여진족의 확장 움직임이, 바다 건너 일본에서는 오랜 혼란의 전국시대를 거쳐 내부 세력이 뻗어 나갈 통로를 찾고 있었다. 그즈음에 중국과 한반도의 모습은 어떠했을까? 세계대국 칭기즈칸 나라 원(元)을 멸망시켰다는 안일한 자족심(自足心)에서 벗어나지 못한 명나라와 200여 년의 찬란한 시절에 대한 기억을 넘지 못한 조선이 있었다.

반면 20세기 말, 이데올로기의 약화와 그 종착점을 겪은 세계 각국은 신자유주의 깃발 아래 세계화와 개방화를 부르짖으며 동서남북을 가리지 않고 오롯이 지켜야 할 곳간조차 열라고 문을 두드린다. 개방하라고 심지어 발로 차고 부수어 억지로 열게 하는 그런 세상이었다.

양 시기는 '팽창(膨脹)의 시대'였다. 팽창에는 밖의 팽창과 안의 팽창이 있다. 오늘날 개인에게 압박감으로 다가오는 팽창은 세계화, 개방화와 같은 밖에서 오는 팽창이 아니다. 그건 바로 언제부터인가 열심히 뛰어도 좀처럼 앞으로 나아갈 수 없는 우리 사회 내부에서 생기는 팽창이다.

나라의 부(富)와 크기는 30-50그룹(국민소득 3만달러·인구 5000만명)을 향하는데, 왜 4인 가구당 소득은 1억2,000만 원이 되는 가정이 거의 없을까? 우리나라 인구가 5,000만 명이라는데 왜 대

도시에 집중해 살까? 국내소득 수치는 분명히 늘었는데 왜 장바구니
는 가벼워졌다는 푸념이 늘어갈까? 그 이유는 아직도 여전히 '세계
로 뻗어 나가는 ㅇㅇ'라는 구호에 익숙한 탓이다.

팽창은 성장이라는 완장을 두르고 사회 곳곳으로 팽팽히 부풀어져
나가고 있다. 입시경쟁이라는 팽창 속에는 '성적은 오르는데 등수는
오르지 않는다'는 학생들의 안타까움이 있다. 취업경쟁이라는 팽창
은 '대학 성적이 우수하면 취업이 보장되나요?'라는 예비취업자들의
질문에 확답을 주지 못한다. 기업의 팽창이 일자리 창출이나 고용안
정이라는 성과를 온전히 누릴 수 없다는 사실에 구직 청년과 근로자
를 허탈하게 한다.

이뿐만이 아니다. 기성세대 누구도 '열심히 직장에 충성하면 정년
이 보장된다'고 생각하지 않는다. 왜냐하면 기업의 팽창은 효율성이
기 때문이다. 누구나 성장이라는 완장을 찬 팽창의 이면(裏面)에 아
찔한 폭발의 위험을 내포하고 있다는 사실을 알고 있다. 하지만 그
팽창에 대항하기란 쉽지 않다.

〈명량〉이라는 영화가 오늘날 이토록 조명받는 이유는 성장이라는
일면에 감추어진 팽창이라는 질풍노도의 흐름에 당당히 맞선 영웅
이순신과 같은 리더십을 간절히 원하는 우리들의 절규가 깊숙한 내
면에 자리하고 있었던 것은 아닐까?

[경남도민일보 2014년 11월 3일 게재]

11. 세상의 그림을 그리는 사람들에게

우리는 새로운 한 해의 출발점에 섰다. 시작은 마무리의 계획에서 출발하듯 2014년이라는 하얀 도화지에 계획을 담아야 한다.

최근 사회적 자본(social capital)이라는 말이 회자되고 있다. 사회적 자본이란 이웃들과 상호교류하면서 공동체의 화합, 협조와 연대를 가능토록 하는 것이다. 사회적 자본이 높은 공동체일수록 더욱 건강하고 활력이 있으며, 지역 현안 문제 해결에 구성원들의 참여와 협력이 더 높은 것으로 나타났다. 그렇다면 사회적 자본은 누가 주도해야 할까?

빈 곳 용납하지 않는 경쟁

물론 모든 사회구성원이 함께 조성해야 한다. 하지만 한정된 지면에 모두가 그림을 그릴 수는 없다. 그래서 현대는 대의정치다. 대표를 뽑아 그 지도자가 그림을 그리게 한다. 그런데 최근 우리 사회의 지도자들은 편향된 그림만 그리는 것 같다.

세상에는 서양화와 동양화라는 두 가지 유형의 그림이 있다. 동양화의 화면(畵面)과 서양화의 화면을 비교해 보자. 두드러지는 차이가 있다. 바로 그림이 그려지는 화면에서 그려지는 부분을 제외한 나머지 공간, 즉 '여백'이다. 동양화에서는 여백에 색칠하지 않는다. 반면 서양화에서는 밑그림에 색이 칠해져 있다.

효율과 성장을 갈구하는 경쟁 시장 시스템은 결코 빈 곳을 용납하지 않는다. 왜냐하면 서양화에서처럼 빈 곳이란 미완성을 뜻하기 때문이다. 미완성이란 사회적 총량을 키우기 위해 어떤 분야를 기꺼이 희생시키는 사회시스템에서는 비효율의 상징이다. 산업구조에 비견해보자.

"자동차, IT산업은 서양화, 농축산산업은 동양화에 가깝다"라고 말한다면 비약된 논리일까?

최근에는 웃는 얼굴의 농민도 볼 수 없지만 울고 있는 농민의 얼굴도 좀처럼 보기 힘들다. 농민이 웃지 않는 이유의 일면에는 일반국민의 농업·농촌에 대한 관심이 갈수록 약해지는 탓이다. 2012년 농업·농촌에 대한 국민의식조사에서 도시민 10명 중 6명은 '농산물시장 개방이 확대될수록 소비자에게 유리하다'라는 인식을 가지고 있고, '가격이 비싸더라도 우리 농산물을 구입하겠다.'는 국산농산물 구매 충성도는 2010년 이후 계속 하락하여 34.1%에 그치고 있는 것으로 조사되었다.

위기는 외부에서만 오는 것이 아니다. 배고픔과 추위보다 더 무서운 것은 버림받았다는 사실과 좌절하고 포기하는 태도다. 식(食)을 더 이상 농(農)으로 생각하지 않는 국민의 외면에 농민도 농(農)을 식(食) 아니라 상품으로 생각하면서 울지도 않는다.

세상의 그림을 그리는 이들에게 "인간의 두뇌는 직접적이고 시각적인 위험은 잘 인식한다. 그러나 추상적이고 근원적인 문제에 대해서는 생각을 회피하는 경향이 있다. 즉, 보이지 않는 위험은 너무 늦어버릴 때까지 방치될 가능성이 높다. 사회시스템으로 바꿔 말하면 생존과 연결된 생명 산업에 빨강 신호가 들어왔다. 그런데도 경고장치의 알람은 잘 울리지 않는다"라고 알리고 싶다.

농업위기 공감대 형성 필요

한미 자유무역동맹(FTA)발효 후 미국의 지속적인 농산물개방 압력과 함께 한국농업을 덮치는 쓰나미로 일컬어지는 한중FTA, 성벽 없는 관세철폐로 불리는 환태평양경제동반자협정(TPP) 그리고 올해로 유예기간이 종료되는 쌀 개방에 대한 그림들이 보다 세심하게 그려져 농업위기에 대한 국민적 공감대가 형성되어야 한다.

인디언 공동체는 신뢰를 기반으로 하는 사회적 자본이 제대로 작동하는 사회였다. 가령 인디언 추장은 어떤 사람이 말(馬)이 없으면 그가 말을 구할 수 있도록 힘써주는 것이 그의 역할이었다. 또한 가족이 천막이 없으면, 부족 전체가 일손을 보태 천막을 만들어 주는 것이 인디언 사회구성원 모두의 의무였다. 이들에게서 우리가 배워야 할 교훈은 말(馬)이 필요한 사람에게 말을 구해주는 인디언 추장, 천막이 없는 이에게 천막을 만들어주는 부족 전체의 행위가 선행이 아니라 의무로 생각하는 공동체 정신이다. 따라서 우리 세상의 그림을 그리는 위정자들은 여백이 함께 어우러지는 그림을 그려야 한다.

[내일신문 2014년 1월 3일 게재]

12. 장애인을 위한 창조경제의 실천방안

'누구나 장애인이 될 수 있다'라고 얘기하면 공감은 하지만 가슴에 잘 와 닿지 않는다. 말을 바꾸어 '장애인 10명 중 9명은 후천적 장애다'라고 표현하는 것이 더욱 현실감이 있는 듯하다. 고용노동부의 2012년 장애인 통계에 따르면 우리나라 등록 장애인 수는 2011년 12월 말 현재 251만9,000명으로 2000년 12월 말 95만8,000명에서 약 163% 급증하였는데 그 장애 발생원인은 질환 및 사고의 후천적인 원인(90.5%), 선천적 원인(4.6%), 원인 불명(4.0%), 출산 시 원인(0.9%) 등의 순이다.

미래 장애 발생에 대한 우려성을 간과하게 되는 이유를 장애인 차별에 대한 인식에서 찾아볼 수 있다. 우리 사회의 교육, 고용 등 생활 전반에 걸친 차별 정도를 조사한 결과, '사회'의 장애인 차별에 대해서는 '심하다'고 생각하는 사람이 72.3%지만, '자신'은 장애인 차별을 '하지 않는다'고 생각하는 사람이 86.1%로 사회의 장애인 차별에 대한 인식과 자신의 주관적 인식 간에 큰 차이를 보인다. 어쩌면 장애는 주관적인 판단이나 인식의 크나큰 차이처럼 우리 자신의 의지와는 무관한 또 다른 차이로 우리에서 불현듯 발생한다. '그래도 난 아니야!'라고 스쳐 지나듯 말할 수 있을까? 우리 사회가 장애인에게 얼마만큼의 관심을 가지는지 장애인 가구의 총소득에서 그 일면을 찾을 수 있다. 2011년 장애인 가구당 월평균 소득은 198만 원으로 전국 월평균 가구소득(371만 원)의 절반을 약간 웃도는 53.4% 수준이다. 더 절박한 수치는 장애인과 비장애인과의 빈곤 비율을 보면 알 수 있다. 우리나라 장애인의 빈곤비율은 OECD 가입국 중 최하위 수준으로 비장애인보다 약 2.5배 이상 빈곤한 것으로 나타났다. 반면 복지사회를 구축했다는 북유럽국가, 예를 들면 스웨덴의 비장애인 빈곤비율이 12.2%인데 장애인의 빈곤비율은 10.4%로 비장애인이 오히려 더 빈곤하다.

이제 정부의 법률적·행정적 지원뿐만 아니라 사회적으로 함께 더불어 살아가는 공동체 의식으로 장애인의 삶의 질 향상을 위한 사회적인 공감대를 형성해야 할 때이다. 그러한 인식을 바탕으로 어떻게 하면 장애인들에게 자주적이고 자립적인 삶을 영위할 방안을 고민해야 한다. 최근 붐처럼 번져 나가는 '사회자본(social capital)'에서 그 해답을 찾을 수 있다. 사회자본이란 이웃들과 상호교류하면서 공동체의 화합, 협조와 연대를 가능토록 하는 것이다. 가령 비누를 만들어 판매하는 장애인이나 장애인단체를 위해 대형마트나 백화점 매장 등에 '장애인이 만든 물품판매 코너'를 개설하여 장애인들이 생산한 비누를 안정적으로 판매할 수 있는 공간을 제공하는 것이 바로 '사회자본'을 형성하는 행위이다. 이렇게 함으로써 기업은 사회적 책임(CSR)을 실현할 수 있다. 또한 정부는 이러한 판매공간을 제공하는 기업에 세제 등의 혜택을 주어 우리 사회에 신뢰중심의 '사회자본' 형성을 장려하는 조치를 해야 한다. 그와 동시에 장애인들이 만든 비누 등 물품을 구입하는 소비자들에게도 구입금액의 일정 부분을 기부금으로 인정 하는 제도를 추진해야 한다. 실행하기 어려웠던 기부를 생활 속에서 자연스럽게 실천함으로써 배려와 나눔의 문화가 우리 사회에 정착된다. 바로 이것이 상생을 통한 창조경제의 실천적 방안이 아니겠는가.

[부산일보 2013년 7월 18일, 전북일보 7월 9일,
전남일보 7월 4일 게재]

13. 농촌 노인 요양시설, 흉물화 막아야

누구나 늙는다. 특히 노년에 병이 들면서 지낼 곳이 필요한데 그곳이 바로 노인 요양시설이다. 그런데 노인 요양시설이 들어선다는 소식에 그 설립지역 주민들은 머리에 띠를 두르면서 반대를 외친다. 노인 요양시설을 복지시설이 아니라 혐오시설로 여기기 때문이다. 심지어 그 지역 집값, 땅값이 떨어진다고 반대하는 지역 집단이기주의가 나타나기도 한다.

여하튼 설립 반대 추세 탓에 그동안 도시 외곽에 건립되던 노인요양시설은 점차 의료시설이 잘 갖춰지지 않은 농촌 지역에 설립되고 있다. 이는 농촌 복지를 증진한다는 이유로 지역 행정이 손쉽게 허가를 해주기 때문이다. 이러한 요양시설물은 주변과 어울려 체계적으로 설립되어야함에도 불구하고 산발적인 허가 등으로 농촌 군데군데에 생겨났다. 문제는 설립 후 제대로 운영되지 못하고 폐쇄, 흉물로 남아있는 경우가 많다는 것이다. 이처럼 농촌 지역에 들어서는 노인 요양시설은 몰지각한 농촌 지역 지자체의 복지행정과 맞물려 또 다른 사회문제를 만들어가고 있다. 실제로 국민건강보험공단의 2009~2011년 장기요양기관 취소 현황을 보면 2008년 2건이던 것이 2009년 9건, 2010년 87건, 2011년에는 무려 181건으로 급증했다.

엄격한 심사 없이 노인요양원을 지역에 많이 유치하면 복지농촌이 된다고 생각하는 지역 행정은 농촌의 특성을 해치는 것으로 생각한다. 다시 말해 자연이 가득한 농촌을 농촌답지 못하게 하는 이유는 설립요건 기준에만 맞으면 설립해주는 지역 행정의 처리 방식 때문이다. 이는 아름다운 자연에 쓰레기를 버리는 것과 다르지 않다.

물론 노인 요양시설을 많이 건립하는 것도 중요하다. 하지만 그보다 노인복지시설의 건립과 사후관리·감독을더욱 철저히 하는 것이다. 농촌지역 복지행정관련 업무를 처리할 때 이런 부분에 더욱 신경을 써줬으면 좋겠다.

[부산일보 2013년 4월 10일 게재]

14. 2년이면 떠나는 사람들

전 세계 상위 1%의 부자들은 전 세계 57%의 가난한 사람들 모두의 소득을 합친 것보다 많다. 부자들의 수는 줄어드는데 부자들의 재산은 점점 늘어간다. 사람은 절대적 빈곤보다 상대적 빈곤에 더 사회적 박탈감을 느낀다. 이처럼 갈수록 심각해지는 상대적 빈곤에 대한 절규의 목소리가 있었다. 바로 2011년 9월 17일 미국 금융가 월 스트리트에서 '우리는 99%이다'의 외침이다. 이러한 외침은 우리 노동시장에 또 다른 울림으로 표현된다.

우리 노동시장에는 두 개의 수레바퀴가 있다. '정규직'이라는 바퀴와 더불어 '비정규직'이라는 바퀴이다. 수레는 바퀴가 동일한 크기로 균형을 유지할 때 잘 달릴 수 있다. 그런데 노동시장이라는 수레바퀴는 그렇지 못한 것 같다. 지난 수년 동안 여러 차례 수선과 재정비가 있었음에도 불구하고 여전히 삐꺽거린다.

기업이나 공공기관에 가보면 똑같은 유니폼을 입고 동일한 공간에서 일하는데 2년만 되면 떠나는 사람들이 있다. 바로 비정규직이다. 우리나라 사람 100명 중 15명이 비정규직이다. 1997년 외환위기를 겪으며 생겨난 이 단어는 노동시장의 양극화를 상징한다. 이들 대부분은 조직에 적응할 무렵 그 조직을 떠난다. 왜 이들은 떠나야 하는가? 우습게도 이들을 보호한다는 법, 〈비정규직 보호법〉의 핵심내용인 비정규직을 채용한 사업주는 고용 2년 후에는 정규직으로 전환해야 하는 규정 때문이다.

한때 이 규정 때문에 '100만 명 해고 대란'이 일어날 것이라는 우려가 있었다. 그러나 해고 대란은 없었고, '사실상 정규직 83.8% 전환'

이라는 방송보도는 비정규직 문제를 사회 이슈화하지 못하도록 방조했다. 당시 2010년 4월 비정규직은 136만 명으로 그 중 정규직으로 전환된 비율은 16.9%, 자동무기계약직으로 전환된 경우는 66.9%, 해고 16.2%였다. 그런데 언론은 '사실상 정규직 83.8% 전환'이라 보도했다. 틀린 말은 아니다. 하지만 비정규직의 입장, 다시 말해 언론기관이 사회적 약자의 심정으로 보도했다면 아마 '사실상 정규직전환 16.9%에 불과'라고 했을 것이다. 이처럼 이슈 자체에 대한 본질적 문제보다는 피상적인 결과나 성과에 안주해 근본적인 문제를 봉합하려는 우리 사회 저변에 깔린 문화에 더 심각성이 있다.

최근 각 기업은 정부가 공공기관 비정규직 4만1000명을 올해 정규직으로 전환하겠다는 발표에 발맞추어 새로운 정부에게 보여주기라도 하는 듯 비정규직의 정규직 전환을 시작했다. 그런데도 무늬만 정규직일 뿐 사실상 일종의 무기계약직으로의 전환이라는 탄식 어린 목소리도 있다. 비정규직 이들이 원하는 것은 정규직·비정규직 어느 쪽도 아닌 '중규직'이라는 노동시장의 또 다른 계층분화가 아니다. 진정한 노동조건의 개선이라는 본질을 원한다. 우리 노동시장에도 성장과 분배에 대한 '경제민주화', '공생발전'에 대한 요구가 커지고 있다. 이러한 사회적 요구 속에는 강력한 노동조합을 앞장세운 대기업 정규직의 우렁찬 목소리뿐만 아니라 세상을 향해 소리 없이 울부짖는 비정규직의 체념 어린 아우성이 숨어있음을 알아야 한다. 그래야 노동시장의 양 바퀴는 조화롭게 균형을 이루어 환하게 웃는 복지 세상으로 향할 수 있다.

[전남일보 2013년 2월 25일, 전북일보 2월 18일,

경남신문 1월 31일 게재]

15. 기업성장에 기뻐하지 않는 나라

　10여 년 전만 해도 외국여행을 하다가 우리나라 기업 광고 간판을 보면 왠지 모르게 가슴이 설레곤 했다. 세계 곳곳에 우리나라의 힘을 알리는 그 기업들이 자랑스러웠다. 이들 기업은 정부의 적하정책(滴下政策)으로 성장했다. 적하정책이란 '넘쳐흐르는 물이 바닥을 적신다'라는 뜻으로 대기업에 먼저 투자하여 부를 늘려주면 중소기업과 소비자에게 혜택이 돌아감은 물론 이것이 결국 총체적인 국가의 경기를 자극해 경제발전과 국민복지가 향상된다는 정책이다. 이제 그 대기업들은 글로벌 기업이 되었다. 그런데 기대와는 달리 적하정책, 트리클 다운 효과(Trickle Down Effect)는 일어나지 않았다.

　삼성경제연구소 '21세기 한국기업 10년' 보고서에 따르면 한국 2,000대 기업의 매출액은 2000년 815조 원에서 2010년 1,711조 원으로 2배 이상 증가했다. 그런데도 그 10년 동안 2,000대 기업의 일자리는 156만 명에서 161만 명으로 2.8%밖에 늘지 않았다. 이것이 한국 대표기업들의 성장에 기뻐하는 젊은이들이 줄어드는 이유, 바로 '고용 없는 성장'이다.

눈부신 기업성장에도 바람직한 고용이 늘지 않는 이유는 뭘까? 우리 사회에 성장과 분배 시스템이 제대로 작동되지 않기 때문이다. 좋은 일자리 창출, 바람직한 고용은 기업성장에서 나온 과실을 사회경제적으로 분배하는 상생의 연결고리다. 아직 더 배고프다고 외치는 대기업의 이기심은 더 이상 이국에서 마주치는 그 기업 간판에 가슴 떨리게 하지 않는다.

기업전문가들은 '인간의 수명이 늘어날수록 기업의 수명은 줄어든다'라고 말한다. 그 까닭은 기업은 인간사회를 떠나 존재할 수 없기 때문이다. 최근 기업의 사회적 책임이 새로운 경영방식으로 부각되고 있다. 기업의 힘과 영향력이 최대이윤 추구에만 사용돼서는 안 된다. 사회적 책임은 기업윤리에서 출발한다. 기업도 사회 구성원인 개인과 마찬가지로 도덕적 권한과 책임이 부과된다. 사회적 책임을 다하는 기업윤리가 기업의 지속가능성이라는 개념의 연장선에 놓였다. 다시 말하면 기업수명이 연장되기 위해서 다음 세대가 홀로 자립할 수 있도록 도와주는 성질, '생성력'에 대한 사회 요구에 기업들은 귀를 기울여야 한다.

합리적 경제인이라면 이기적으로 행동하라고 주장했던 애덤 스미스의 시장경제논리로는 기업의 수명을 더 이상 연장하지 못한다. 새로운 세상이 펼쳐지고 있다. 새로운 경제체제가 형성되어야 한다. 그 일면에 사회적 경제가 있다. 미국발 금융위기로 세계적인 관심을 받아오고 있는 사회적 경제 기업 중 하나인 협동조합은 시장변동에 안정적인 서비스 제공뿐만 아니라 즈직 구성원의 감원 조치 없이 고용을 유지했다. 이처럼 사회적 경제는 경제적 이윤보다 일자리 창출을 강조한다.

국민의 응원과 박수를 받는 한국 대표기업이 되기 위해선 생산성 향상이란 구호 아래 뭉그러진 '고용 있는 성장'의 깃발을 다시 휘날려야 할 때다. 아울러 정부는 '자본'보다 '사람'을 중시하는 '사회적 경제'가 조속히 안착하도록 지원을 강구해야 한다.

[매일신문 2012년 12월 5일, 경남신문 11월 14일 게재]

16. 노인은 지난날의 미래모습이다

사람은 나이가 들면서 더 행복해진다고 한다. 바꿔 말해 청·장년기보다 노년기에 행복지수가 더 높다고 한다. 그 이유는 나이가 들면서 기대와 포부가 감소하기 때문이라는데 과연 그럴까?

그 대답은 노인들의 사회 참여가 얼마나 잘 준비되었는지에 따라 다르다. 왜냐하면 우리 사회는 노후를 준비한 노인은 경험과 경륜을 가진 'know人(노인)'으로 받아들이지만 아무런 준비 없는 노인은 사회의 귀찮은 존재인 'no人(노인)'으로 취급하기 때문이다.

누구나 노인이 된다. 하지만 노인이 된 후에야 노인이 되었다는 사실을 깨닫기 때문에 100세에 대한 삶의 계획을 세우기란 여간 힘든 것이 아니다. 최근에 안락한 노후생활을 위해 10억 원이니 20억 원을 준비해야 한다는 등 경제적 요인이 그 척도로 거론된다. 경제적으로 충분한 돈만 가지면 노후대책 준비 끝이라고 단언할 수 있을까? 노년기의 가장 중요한 부분이 경제적 자립임은 누구도 부인하지 못한다. 그런데도 빈부 차이를 막론하고 증가하는 노인 자살률은 왜일까?

지난 60년간 우리나라는 선진국을 꿈꾸며 많은 분야에서 희생을 요구했다. 그 결과 1950년대 1인당 국민소득 67달러에서 2010년 1만9262 달러로 괄목할 만한 경제적 성장을 이룩했다. 1964년 1억 달러에 불과하던 수출은 1977년 100억 달러가 되었고, 1995년 1000억 달러, 이제 우리나라 무역 규모는 무려 1조 달러를 넘는다.

이러한 눈부신 경제성장의 원동력은 현세대가 홀대하고 있을지도 모를 지난 세대들의 삶의 결과다. 그들은 괄시받지 않는 삶을 살기를 기대하며 '싸우면서 일하자'라는 표어를 공장 벽면에 붙이고 산업을 부흥시켰다.

또한 개인적으로는 내 자식만은 풍요롭게 살기를 바라는 심정으로 죽을힘을 다해 밤낮으로 일했다. 자신들의 다음 세대에게는 배고픔과 가난만큼은 물려주고 싶지 않아서였을 것이다.

이제 그들이 노인이 되었다. 도시공원의 한편에 쭈그리고 앉은 이들, 드넓은 농촌 들녘에 곡식들이 익어가는 철이면 길섶에 서서 자식들의 발걸음 소리가 들리기를 기대하는 노인이 바로 그들이다.

'소득은 일정 수준에 오르면 더 이상 행복을 증진시키지 않는다'는 이스털린의 역설처럼 삶의 질이 떨어지는 원인을 경제적 원인에서만 찾으려는 우둔함에서 벗어나야 한다. 지금 노인들은 지속적인 사회 참여로 자신의 존재감을 느끼기를 원한다. 그런 까닭에 우리 사회는 이들을 사회의 원로구성원으로, 다시 말해 'know人(노인)'의 넓고 깊은 노하우를 담는 참여공간을 마련해야 한다. 도시 노인은 도시농업의 일꾼으로, 농촌 노인은 전통문화 전수자로 사회 참여 재교육을 통해 경제적 기회뿐만 아니라 세대 간 함께 소통하는 세상을 만들어야 한다.

노인들은 우리가 부담해야 할 짐이 아니라 우리들의 '지난날의 미래 모습'이다. 그러므로 노인들이 홀대받는 'no人(노인)'되는 세상을 다음 세대에게 물려주지 않도록 하자.

[경남신문 2012년 10월 10일 게재]

17. 에너지절약, 선택 아닌 필수

유난히 더웠던 올여름, 가정마다 '전기요금 폭탄'을 맞았다. 평소

보다 전기요금 고지서 금액이 적게는 2배에서 5배까지 많이 나왔다. 전기 누진제가 원인이라며 이에 대한 문제점을 지적, 개선하라는 목소리도 있었다.

아침과 저녁 기온이 많이 내려갔다. 기상예보처럼 올 추위는 어느 때보다 일찍 오는 것 같다. 두툼한 옷과 함께 난방이 필요한 계절이다. 최근 더위와 추위가 길어지면서 계절마다 온도계 수은의 간격을 더욱 벌린다. 이렇듯 온도변화가 심해지면 각 가정의 가계부에는 빨간 줄들이 유난히 많아진다. 전기는 누진제로, 유류와 가스는 가격 인상으로 서민경제를 압박한다.

한편으로 생각하면 이러한 경제적 부담도 행복한 비명일 수 있다. 우리가 사용하는 에너지, 석유·석탄·천연가스 등 화석연료 사용은 한정적이다. 이를 대비해 태양열·풍력·지열·바이오 연료 등 대체에너지 개발에 모든 나라가 주력하고 있지만 아직 화석연료를 대체할 온전한 에너지를 개발하지 못하고 있다.

문명 수혜와 자원 절약이라는 딜레마를 어떻게 해결할 것인가? 어떻게 해야 지속 가능한 개발을 할 수 있을까? 세계자연보호기금(WWF)은 지구 상에서 지속 가능한 개발의 조건을 충족시키는 유일한 나라로 쿠바를 지목했다. 쿠바는 소련의 붕괴와 미국의 경제봉쇄로 위기를 겪었다. 그런데도 주요 에너지 절약정책으로 이러한 위기를 이겨내고 있다. 예를 들면 오래된 송전 선망을 교체해 방전되는 에너지가 없도록 조치했다. 또 잡목 등 폐기물 활용, 풍력·수력·태양력 및 바이오 연료 연구개발 등으로 에너지원을 다원화하는 에너지 분산화 정책을 시행했다. 그와 더불어 시행된 에너지에 관한 교육은 전 국민의 에너지 의식혁명을 일으키는 시작이었다.

쿠바는 학교의 모든 수업에서 에너지 문제를 다루고 있다. 아울러 각종 에너지 절약 관련 대회를 개최해 국민의 공감대를 형성했다.

에너지에 대한 새로운 인식이 필요한 시기다. 세계 곳곳에서 대규모 정전사태인 블랙아웃이 일어나고 있다. 일례로 2003년 8월 14일 미국 동부에서 발생한 블랙아웃은 경제적으로 7조 원에 가까운 피해와 함께 5,000만 명 이상의 시민들에게 불편을 주었다. 일반 정전과는 달리 블랙아웃은 암처럼 전이효과도 있어 그대로 방치하면 범위가 확대된다. 그 피해 규모는 우리의 상상을 초월한다. 우리나라도 지난 2011년 9월 15일 블랙아웃 직전까지 가는 경험을 한 바 있다. 그 날의 사건을 기억하고 경각심을 가지는 사람이 그리 많지 않다는 사실이 우리 모두가 느끼는 불편한 진실이다.

올겨울 블랙아웃이 일어나지 않는다고 누가 장담하겠는가? 각종 발전소의 예비전력을 점검하고, 안전한 전력관리시스템을 갖추는 것도 중요하다. 그보다 전 국민의 에너지에 대한 의식혁명이 더 시급해 보인다.

[전북일보 2012년 10월 19일 게재]

18. 자연이 주는 감성으로 학교폭력 없애자

중학교에서 시행된 학교폭력교육을 청강한 적이 있다. 학교 선생님이 교육을 하는 것이 아니라 제복을 입은 경찰관이 강의를 진행했다. 친구들과의 장난도 때에 따라서는 폭력이 될 수 있다고 했다. 폭력을 당한 아이는 편히 잠을 잘 수 있지만 때린 아이는 법에 따라 처벌을 받는다는 것이 교육의 요지였다. 묘한 기분이 들었다.

언제부터인가 교육시스템이 잘못 돌아가고 있다. 자기 자식 학급 반장을 시켜주지 않았다고 선생님 머리채를 잡는 학부모, 교사를 돈벌이로 생각하는 선생, 버르장머리가 없는 학생, 학교폭력에 쉬쉬 입 막기에 급급한 학교 당국….

학교 폭력 때문에 죽어가는 제 동생의 일을 알리려고 장관을 만나러 왔다는 어느 여학생의 신문기사를 읽고 참으로 암담한 현실에 부끄러움을 느꼈다. 국어, 수학, 영어 공부만 잘하면 대접받는 학교 분위기가 더욱 가열되면서 학부모, 교사, 학생들을 가치관의 혼돈 속에 빠뜨렸다.

바른 생활, 도덕관, 국가관에 대한 가르침보다 영어단어, 수학 공식을 더 외워야 칭찬받는 교육 분위기가 현실이다. 인성이 중요하다는 것을 모르는 사람은 없다. 그러나 우리 아이들에게 인성을 키워주기에 턱없이 시간이 부족하다.

요즘 학부모들은 학교 앞에서 파는 병아리를 가지고 싶어 하는 어린이들의 동심을 이해하지 못한다. 사실 소학교 시절 자신도 가지고 싶어 병아리를 10원 주고 산 때를 대써 기억하려 하지 않기 때문이다. 자연스럽게 나오는 인간의 본성을 가꿀 시간이 없는 우리 아이들은 휴대전화, 인터넷에서 대리만족을 느끼고 있다.

휴대전화 속에 애완동물을 키우는 아이는 동물과의 교감을 느끼지 못한다. 사이버 속에서 식물의 성장을 보아온 아이는 식물이 우리에게 주는 메시지를 읽지 못한다.

아스팔트와 빌딩에서 뛰어노는 아이들은 흙냄새를 알지 못한다. 요즘 논과 밭에서 개구리가 우는 소리를 듣지 못한 아이들은 곡식이 언제 심어지는지를 알지 못한다.

베이비붐 세대 60%가 귀농·귀촌을 희망하는 것과는 달리 농부가 되기를 꿈꾸는 아이는 없다. 언젠가 초등학교 학생들에게 '장래 꿈이 뭐니?'라고 물어본 적이 있다. 과학자, 공무원, 의사, 생명 공학자 등이다. 대부분 부모의 꿈이 아이들 꿈으로 투영된다. 흙 느낌, 동물과의 교감, 농작물 이야기, 나무 향내, 시냇물 소리와 가까워진다면 학교폭력, 폭력교사, 몰상식한 학부모가 사라질 것이다.

교육 당국은 자연과 접하는 인성교육프로그램을 개발하여 지속적으로 실시해 나가길 기대한다.

[경남도민일보 2012년 5월 25일 게재]

19. 다문화사회로 가는 길

농촌 마을에 해맑은 아이들의 웃음을 가져온 이들이 있다. 한국에 시집온 결혼이주여성들이 그 주인공이다. 혈혈단신 도착해서 말도 통하지 않고 모든 것이 낯설기만 한 먼 이국땅의 농촌에 그녀들은 새로운 희망을 심고 있다. 이들은 농촌을 지키는 귀한 인적 존재로 자리매김하고 있다.

한편 어렵고(Difficult), 더럽고(Dirty), 위험한(Dangerous) 직업, 소위 '3D업종'에 기꺼이 종사하는 이들이 있다. 외국인 노동자들이다. 내국인을 구할 수 없거나 인건비가 싸기 때문에 중소업체들은 이들을 고용한다. 분명 외국인들은 우리 사회에 새로운 활력을 불어넣는 주요한 역할을 하고 있음에 틀림이 없다.

2011년 3월 말 기준 체류 외국인은 131만 명으로 총 인구의 약 2.7%를 차지한다. 법무부에 따르면 외국인 증가율은 매년 약 11%로 증가하고 있다. 국내 체류 외국인 증가에 따라 분명히 우리 사회는 사회후생이 증진되었다. 그런데도 우리에겐 풀어야 할 여러 가지 문제점도 함께 생겼다.

한국인 여성과 결혼한 외국인 남성이나 한국에 근무하는 외국인 노동자들끼리 결혼해서 아이를 낳은 경우 등은 여전히 다문화정책의 사각지대에 놓여 있다. 대부분의 외국인 지원정책이나 사회적 관심이 결혼이주여성에게 맞춰져 있어 앞으로 다문화가정을 바라보는 시각이 다양해져야 한다고 전문가들은 지적하고 있다.

지난달 22일 노르웨이에서 한 극우주의자에 의해 총기 난사사건이 일어났다. 이런 일들이 한국에서 일어나지 않기 위해 우리 사회의 다문화 갈등을 점검해 보아야 한다는 목소리가 높아가고 있다. 사실 우리 사회에서도 알게 모르게 다문화 갈등이 일어나고 있는 모습을 여기저기에서 쉽게 찾아볼 수 있다. 연일 보도되는 이주노동자에 대한 인권침해와 다문화가정에서의 폭력 심지어 한국으로 시집 온 결혼이주여성이 입국한 지 얼마 되지 않아 남편에게 살해된 사건들이 그 단적인 예이다.

더욱 심각하고도 우려스러운 문제는 다문화가정 아이들 10명 중 4명이 고등학교 진학을 포기하고 있다는 데 있다. 이들이 현실사회에 적응하지 못하여 소외계층으로 전락할 경우 향후 사회계층 간 새로운 갈등세력으로 등장할 것이다. 특히나 외국인의 성범죄, 위장결혼, 불법체류 사례 등을 게시하며 불법체류자 추방운동을 전개하는 블로그나 카페를 인터넷에서 쉽게 찾아볼 수 있다. 이는 우리 사회에서도 '이방인에 대한 혐오현상'을 나타내는 제노포비아(Xenophobia)가 점점 증가하고 있음을 나타내고 있다. 이들 사이트에서는 외국인에 의한 범죄에만 초점을 맞추어 얘기하지만 사실 외국인에 대한 범죄가 훨씬 더 심각하다.

우리나라는 미국과 이스라엘과 같이 심각한 인종차별주의 나라 중 하나이다. 2007년 유엔 인종차별철폐위원회는 한국의 인종차별을 지적하면서 외국인 근로자 문제와 외국계 배우자 및 자녀 문제 등 인종 차별 금지법 제정을 권고했다. 이 국제적으로 망신스러운 사건을 오래 기억하는 사람은 드물다. 다문화 갈등을 해소하려면 우리 속에 만연한 유색인종 차별 성향에 대한 진정성 어린 반성에서 출발하여야 한다. 유창한 영어를 구사하는 백인을 보는 시선과 자국어로 얘기하는 동남아 외국 근로자를 바라보는 시선이 같아야 한다.

체류 외국인에 대한 우리 문화의 이해와 수용과 더불어 그들의 입장에서 생각해 보는 사회 분위기 조성이 필요하다. 정부는 다문화사회의 올바른 정착을 위한 인종차별금지법을 조속히 만들어야 한다. 그리고 다문화가정 및 외국인 근로자의 지속적인 사후관리를 위해 각 부처에 산재해 있는 다문화정책, 행정 및 교육에 관한 통합되고 체계적인 시스템을 갖추어야 한다.

[경남도민일보 2011년 9월 1일, 부산일보 8월 30일 게재]

　그동안 협동조합, 농업·농촌·농민과 사회경제에 관한 나의 잔상들을 모아 글귀로 정리했다. 시간이 지나면서 내 몸에 붙은 것들을 정리할 필요가 있다는 생각이 이 책을 집필하게 된 또 다른 동기이다.

　아울러 서슴없이 졸저를 세상에 내놓은 변명은 다음과 같다. 작고 볼품없는 내 서재에 책들의 점진적인 공격이 시작된 지 10년이 훨씬 넘었다 그러다 보니 가뜩이나 비좁은 공간에서 품어 나오는 정돈되지 못한 무질서가 점점 나를 압도해왔다. 이러한 무질서의 모든 원인을 방이 작은 탓으로 돌렸다.

　그것은 지극한 나만의 오류라는 사실을 깨닫는 데는 그리 오래 걸리지 않았다. 조금 더 넓은 공간으로 책방을 옮긴 지 얼마 되지 않아 잠시 사라졌던 무질서가 곧 찾아왔기 때문이다.

　이러한 현상은 내 협소한 두뇌에서도 일어나고 있었다. 편안해지고자 하는 내 뇌는 잔머리의 선수, 전두엽에 책을 읽고 난 후에는 독서 노트를 작성하도록 명령했다. 하지만 이 또한 시간이 지나면서 기록 정리한 노트는 전집(全集)이 되었다. 더 이상 요약본이 아니었다. 또 다른 집약된 정리 자료가 필요했다.

협동조합이여, 진화하라

인 쇄 일	2016년 12월 7일
발 행 일	2016년 12월 16일
지 은 이	손용석
펴 낸 이	임승한
마 케 팅	김춘안 · 조동권 · 황의성
디자인 · 인쇄	삼보아트
펴 낸 곳	(사)농민신문사
출판등록	제25100-2015-00010호
주 소	서울특별시 강동구 고덕로 262
전 화	02)3703-6136
팩 스	02)3703-6213
홈페이지	http://www.nongmin.com

ISBN : 978-89-7947-159-5 13330

잘못된 책은 바꾸어 드립니다. 책값은 뒤표지에 있습니다.